KB073351

내 손안의
로마

내 손안의 로마
최순원 지음
솔깃미디어

프롤로그

기회만 되면 이탈리아Italia, Repubblica Italiana로 떠나는 나에게,
이탈리아가 왜 좋은지 스스로 물어본 적이 있다.
누구나 마음이 향하는 곳이 있듯, 나에게는 이탈리아가 그렇기 때문이다.
이탈리아 어디를 가도 꼭 거치는 곳이 있다.
바로 로마Roma다.
로마는 내게 유럽 다른 도시에서 느낄 수 없었던
전율과 감흥을 준 곳이다.
또한 변함없는 친구 같은 느낌의 도시이기도 하다.
그렇기에 갈 때마다 익숙해지는 로마 골목이 너무나 정겨웠다.
그러나 여행에서 돌아오면 자꾸 아쉬운 것이 생겼고,
그런 아쉬움을 채우기 위해 하나 둘 기록을 남기기 시작했다.
그렇게 모아 둔 여행 장면이 어느새 책 한 권이 되었다.
이 책에는 사랑하는 가족이나 친구와, 아니면 홀로 여행을 떠나더라도
내가 아는 로마를 온전히 볼 수 있게끔 핵심 내용이 들어 있다.
여행의 만족감과 좋은 추억을 가질 수 있도록 꾸몄다.

나만의 속도로 여행하기 원하는 이를 위해 추천 방문지를 선별했고,
그곳의 이야기를 실었다.
시중에 나와 있는 여행 서적 대부분이 방대한 정보를 자랑하고 있다.
그러나 간혹 잘못된 정보와 짧은 소개로 인해
정작 보고 느껴야 할 것을 모른 채
유명 관광지를 방문했다는 사진만 남기고 올 때가 많다.
이 책은 '본다'는 것에 치중한 여느 가이드북과 달리
'보고 느끼는' 것에 중점을 두었다.
'느끼기' 위해서는 알아야 하기에
많은 부분을 '알아야 할 것'에 할애했다.
쌓아야 할 기억과 추억이 많은 여행자를 위해
가볍지만 알찬 책을 원했고,
그 결과물이 「내 손안의 로마」다.
이 책을 통해 내가 좋아하는 로마를
다른 이도 온전히 누리기를 바란다.

목차

공항에서 로마 시내로 가는 방법

레오나르도 다빈치 공항(피우미치노 공항)에서 로마 시내로 들어가는 방법은 레오나르도 익스프레스(기차), 택시, 공항버스를 이용하는 것이다. 가장 많이 이용하는 것은 레오나르도 익스프레스이며, 2명 이상일 경우 택시도 괜찮다. 공항버스가 저렴하지만 짐칸에 보관된 짐이 분실될 우려가 있으므로 신경을 써야 한다.

레오나르도 익스프레스 Leonardo Express

공항에서 테르미니역까지 32분 정도 걸리며, 요금은 1인당 14유로다.
운행 시간은 06:08 ~ 23:23, 논-스톱으로 운행된다.

기차 그림 표지판을 따라가면 공항역이 나온다.

기차표는 매표소 또는 발매기에서 살 수 있다.

개찰구로 들어가면 열차 탑승 전 꼭 개찰기에 표를 넣어 탑승 시간을 찍도록 한다. 표에 탑승 시간이 기록되어 있지 않으면, 검사 시 벌금을 낼 수도 있다. 개찰기에 표를 '찰칵'하는 소리가 날 때까지 밀어 넣으면 된다.

택시

인원이 2인 이상이거나 숙소가 테르미니역 근처가 아닐 경우, 택시를 이용하는 것도 좋은 방법이다. 공항을 나오면 양복 입고 도와주는 척 호객하는 이들이 있다. 목에 신분증 같은 것을 걸고 있어서 직원으로 오인할 수 있는데, 공인된 택시는 흰색이며 택시 정류장에 대기하고 있다. 요금은 정액으로 차 옆문에 고지되어 있다. 공인된 택시라도 간혹 출발 후 웃돈을 요구하는 경우가 있으니, 탑승 전 기사에게 요금을 확인하고 타도록 한다.

공항(셔틀)버스

공항(셔틀)버스는 여러 회사에서 운행하고 있으며, 요금은 회사마다 다르다. 버스 표지판을 따라가다 보면 정류장이 나온다. 그곳에서 표를 사고 타면 된다. 짐칸에 짐을 둘 경우 분실하지 않도록 주의한다.

로마 시내에서 이동 방법

로마는 곳곳이 유적지고 유적지 간 거리가 그리 멀지 않다 보니 걸어 다니는 경우가 많지만, 간혹 버스나 지하철 탈 때를 대비해 이용 방법을 소개한다.
대중교통 이용 횟수가 적다면 필요할 때마다 1회권을 사는 것이 저렴하다. 1회권 요금은 1.5유로다.

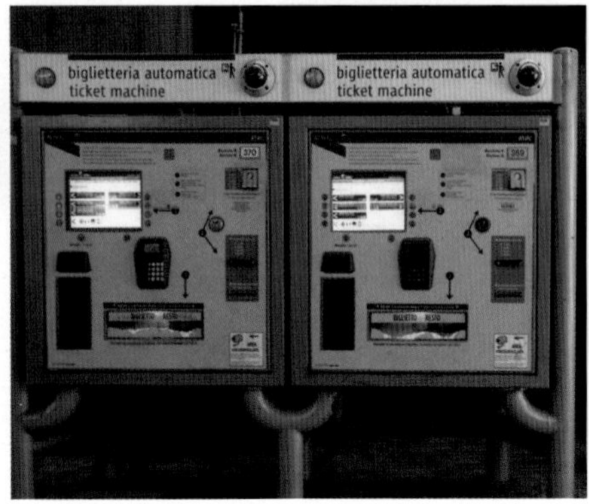

1회권은 타바키Tabacchi(크게 T라고 쓰인 간판만 걸려 있기도 하다) 또는 기념품을 판매하는 거리 녹색 부스 상점과 지하철역 자동판매기에서 살 수 있다.
1회권은 개찰 시간 기준 100분 동안 버스와 트램을 무제한 탈 수 있으며, 지하철은 1회 탑승할 수 있다.
버스나 트램에서 1회권을 먼저 사용하면 지하철로 1회 환승할 수 있고, 이와 반대로 지하철을 먼저 탄 경우 버스나 트램으로 무제한 갈아탈 수 있다.
버스와 트램을 타면 승차권 개찰기가 있다. 탑승하자마자 꼭 승차권을 개찰기에 넣어 탑승 시각을 찍도록 한다. 개찰한 티켓 뒷면에 사용 가능 시간이 찍혀서 나온다. 그 시간 내에 해당 승차권을 사용할 수 있다. 깜빡하고 있다 불심검문에 걸리면 벌금을 물 수 있으니 주의해야 한다.

버스 정류장 표지판은 처음에 낯설 수 있으나, 보는 방법을 이해하면 쉽고 간단하다.
표지판 맨 위쪽에는 해당 정류장 이름이 쓰여 있고, 그 아래쪽에 버스 번호와 노선이 적혀있다. 각 노선은 기점부터 종점까지 모든 정류장이 나와 있으며, 그 중 네모 테두리가 쳐져 있는 곳이 지금 서 있는 정류장이다.
버스 운행 중 별도 안내방송이 있기도 하고 없기도 하니 표지판에서 가고자 하는 목적지와 목적지까지의 정류장 수를 잘 파악한 후 타도록 한다.

QR 코드 & 지도 앱 사용법

네이버, 다음 포털 앱이나 휴대전화에 탑재된 QR 앱 등을 사용해 책에 있는 QR 코드를 찍으면 목적지가 표시된다. 앱은 수시로 업데이트되므로 책 화면 그림과 다를 수 있지만 사용 방법은 같다.

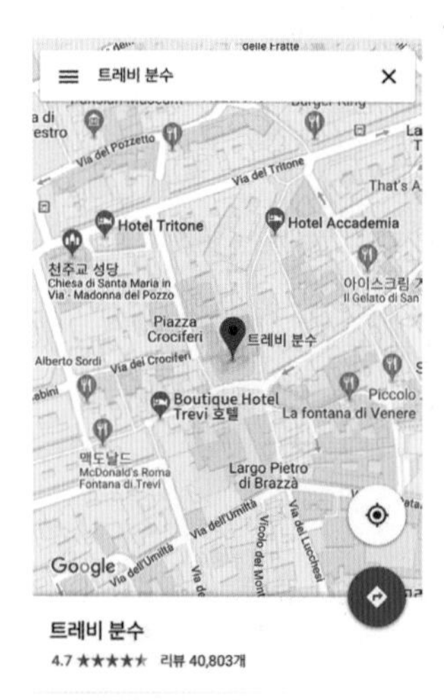

화면 밑 표지판 표시나 길 찾기 또는 경로를 누르면 출발지 선택 화면이 뜨는데, 여기에 출발지를 입력하거나 내 위치(위치 서비스가 켜져 있어야 한다)를 누르면 목적지까지 경로가 나온다.

아이폰

안드로이드폰

화면을 확대해 길을 따라가면 목적지에 도착한다. 도보 또는 차나 대중교통 이용에 따라 안내가 달라지니 옵션에서 이동 방법을 선택한다. 또한 내비게이션을 이용하면 편리하다. 이 기능은 구글 지도 앱에서 가능하다. 구글 지도 앱을 사용해 길 찾는 방법은 다음 페이지에 소개했다.

구글 지도 앱은 구글 지도와 구글 맵스 고Google Maps Go 등이 있는데, 이 책에서는 구글 지도 앱으로 설명하였다.
지도 앱을 열어 출발지와 목적지를 입력한다. 웬만한 곳은 한글로 입력해도 나온다. 출발지는 위치 서비스를 이용하면 편리하다.

경로를 누르면 목적지까지 경로가 나오고 이동을 누르면 자세한 길 안내가 시작된다. 위치 서비스를 켜면 실시간 안내가 가능하다. 이동 방법에 따라 옵션에서 도보 또는 차나 대중교통을 선택하면 상세히 표시된다.

아이폰

안드로이드폰

목적지를 먼저 입력한 후 경로를 누르면 출발지 입력 화면이 나온다. 내 위치를 선택하거나 출발지를 입력하면 경로가 표시된다.

내비게이션 기능을 이용하면 목적지까지 음성으로 안내해준다.
우선 현재 위치를 설정하도록 위치 서비스를 켠다. 위치 서비스를 가리키는 원 ◉ 을 누르면 나침반 모양으로 바뀐다. 목적지를 입력하거나 지도에서 선택한 후 화살표나 이동을 누르면 길 안내가 시작된다.
기기나 업데이트 상태에 따라 화면이 조금씩 다르지만, 사용 방법은 같다. 보통 지도에서 목적지를 검색하면 화면에 **길찾기** 나 표지판 ◆, **경로**나 **이동** 버튼이 나오는 데 그것을 누른 후 과정을 따르면 된다.

아이폰

안드로이드폰

초간단 조작법

① 위치 서비스를 켠다.
② QR 코드를 찍는다.
③ 화면 하단의 경로, 이동, 내비게이션, 표지판 표시 등을 누른다.
④ 길 안내가 시작된다.

준비되었으면 이제 로마 여행을 떠나 보자.

포폴로 광장
Piazza del Popolo

많은 여행자가 로마로 향하는 첫발을 테르미니역에서 떼는 것처럼, 오랜 옛날 여행객, 성직자, 순례자는 포폴로 광장을 통해 로마에 발을 디뎠다. "백성의 광장"이란 뜻의 포폴로 광장은 19세기 철도가 생기기 전까지 로마로 들어가는 관문이었다.

포폴로 광장은 16세기 사다리꼴 모양으로 형성되어 19세기 주세페 발라디에르Giuseppe Valadier에 의해 지금 모습을 갖추었다.

광장 중앙 오벨리스크Obelisk는 아우구스투스Augustus(가이우스 율리우스 카이사르 옥타비아누스Gaius Julius Caesar Octavianus. 고대 로마 초대 황제, "존엄한 자"라는 뜻)가 이집트 정복 20주년을 기념해 가져온 것으로 밑동에서 십자가까지 높이가 36.5m다. 대전차 경기장인 치르코 마시모Circo Massimo에 있던 것을 16세기 교황 식스토 5세Sisto V 때 이곳으로 옮겼다.

포폴로 광장 북쪽에 있는 포폴로 문Porta del Popolo은 난니 디 바치오 비지오Nanni di Baccio Bigio가 만들었다. 로마와 이탈리아 북부 도시 리미니Rimini를 연결하는 플라미니아 가도Via Flaminia가 이 문에서 시작된다. 그 때문에 플라미니아 문Porta Flaminia이라 불리기도 하였다. 1655년 가톨릭으로 개종한 후 로마에 정착하고자 방문하는 스웨덴 여왕 크리스티나Kristina(구교와 신교 간 종교 전쟁인 30년 전쟁의 종식과 평화를 이끌었고 수도 스톡홀름의 문화 예술을 발전시켰다. 당시 스웨덴 국교는 신교인 루터교였는데 크리스티나 여왕은 구교로 개종하고 국회의 결혼 간섭 등에서 벗어나고자 왕위를 버리고 로마로 향했다)를 맞기 위해 잔 로렌초 베르니니Gian Lorenzo Bernini가 새롭게 장식하였다. 플라미니아 가도로 향해 있는 문 입구 조각상은 프란체스코 모키Francesco Mochi가 1638년 세운 성 베드로San Pietro와 성 바오로San Paolo(바울)다.

포폴로 문 바로 옆 산타 마리아 델 포폴로 성당Basilica di Santa Maria del Popolo을 끼고 나 있는 계단을 오르면 포폴로 광장을 한눈에 내려다 볼 수 있는 핀초 언덕Pincio이 있다.

핀초 언덕은 보르게제 공원Villa Borghese과 연결되어 있어 샌드위치 같은 끼니를 챙겨와 망중한을 즐기기에 좋은 장소다. 이곳에서는 산 피에트로 대성당Basilica di San Pietro(성 베드로 대성당) 돔까지 보이며, 시간이 허락된다면 해지는 풍경을 감상하는 것도 좋다. 멋진 일몰을 볼 수 있다.

포폴로 문과 산타 마리아 델 포폴로 성당

쌍둥이 성당

산타 마리아 델 포폴로 성당 맞은편에는 쌍둥이 성당이라 불리는 산타 마리아 디 몬테산토Santa Maria di Montesanto(사진 왼편) 성당과 산타 마리아 데이 미라콜리Santa Maria dei Miracoli(사진 오른편) 성당이 나란히 있다.

♣ 주소 : Piazza del Popolo

산타 마리아 델 포폴로 성당
Basilica di Santa Maria del Popolo

산타 마리아 델 포폴로 성당은 외관이 너무 수수해 그냥 지나칠 수 있는 성당이다. 우리나라 여행 서적에서 그리 큰 비중을 두지 않거나 빠뜨리기도 하는 성당이라 방문하면 외국 관광객이 많다. 하지만 기대 이상의 작품이 있어 포폴로 광장에 간다면 꼭 방문해 보기를 권한다. 숨어있는 보물을 찾아보는 재미가 쏠쏠하다.
산타 마리아 델 포폴로 성당은 네로Nero 황제 묘가 있던 자리에 세운 성당이다. 네로 황제 유령이 나타난다고 두려워하는 시민을 위해 1099년 교황 파스쿠알레 2세Pasquale II가 네로 황제 무덤을 없애고 헌금으로 세웠다. 1472년~1477년 식스토 4세Sisto IV가 재건축하였으며, 오랜 시간 브레뇨Andrea Bregno, 브라만테Donato Bramante, 베르니니, 라파엘로Raffaello Sanzio 등의 손을 거쳐 현재 모습을 갖추었다.

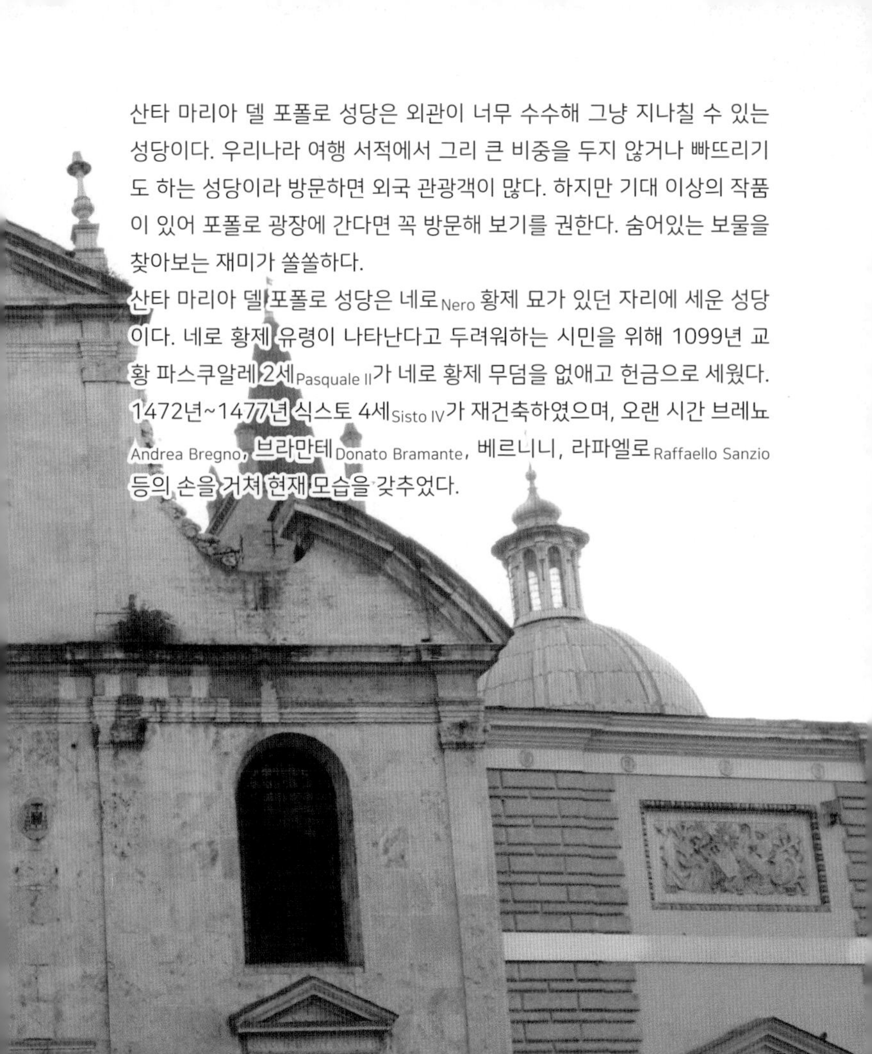

베드로의 십자가형

바울의 회심

중앙 제단 왼편 체라시 예배당Cappella Cerasi에는 카라바조Michelangelo Merisi da Caravaggio의 [베드로의 십자가형Crocifissione di San Pietro]과 [바울의 회심Conversione di San Paolo], 안니발레 카라치Annibale Carracci의 [성모승천L'Assunzione della Vergine]이 걸려 있다.

카라바조는 이탈리아 초기 바로크 대표 화가로 빛 효과를 이용해 인물 특성을 묘사하였으며, 명암 대비로 표현하고자 하는 주제를 강렬하고 극적으로 드러내, 그 일이 일어나는 장소에 있는 듯한 느낌을 준다.

성모승천

안니발레 카라치는 카라바조와 정반대 작품 세계를 구사하며 쌍벽을 이루었던 이탈리아 초기 바로크 화가다. 동적 표현과 풍부한 공간 구성, 역동적이고 극적인 화면으로 바로크 장식화를 발전시켰다.
이들 그림 앞에 자그마한 동전통이 하나 있는데 여기에 동전을 넣으면 그림에 조명이 들어온다. 성당을 돌아다니다 보면 이런 방식으로 예술 작품을 자세히 감상할 수 있게 한 것을 종종 볼 수 있다. 물론 유명 작품에만 있으니 동전을 아까워하지 말고 좀 더 밝은 상태에서 보는 것도 좋다. 아울러 성당은 저마다 독특한 분위기가 있으니 이 또한 천천히 감상해 볼 것을 권한다.

다니엘과 사자

하박국과 천사

산타 마리아 델 포폴로 성당에서 눈여겨볼 것 중 하나는 성당 입구 왼편 두 번째 예배당인 키지 예배당Cappella Chigi의 조각과 천장 돔 장식이다. 키지 예배당은 아고스티노 키지Agostino Chigi가 라파엘로에게 의뢰해 만든 가문 예배당이다. 베르니니 조각상 [다니엘과 사자Daniele e il leone], [하박국과 천사Abacuc e l'angelo]가 있고, 라파엘로의 모자이크 [천지창조Dio creatore del firmamento]가 천장 돔에 그려져 있다. 하박국은 구약성서 「하박국서」를 지은 예언자고, 다니엘 또한 예언자였다. 다니엘은 왕의 총애를 받았는데 이를 시기한 신하들이 왕 이외 다른 이에게 기도하는 자는 사자 굴에 던져야 한다는 금칙을 세워 다니엘을 사자 굴 속에 밀어 넣었다. 하지만 천사가 나타나 사자 입을 막아버렸다. 하박국이 등장하는 미술 작품에는 사자 굴에 떨어진 다니엘에게 천사 명으로 음식을 가져다주는 장면이 가장 많은데, 이 두 조각상이 나란히 있는 것도 같은 맥락이다.

천지창조

로마는 세계적으로 유명한 관광지라 사람에 치여 박물관이나 미술관에서 여유 있게 작품 보기가 쉽지 않다. 그런데 미술사 대가 작품을 조용하고 편하게 감상할 수 있는 곳이 성당이다. 포폴로 성당도 빠뜨리지 말고 방문하기를 권한다.

♣ 주소 : Piazza del Popolo, 12

보르게제 미술관
Museo e Galleria Borghese

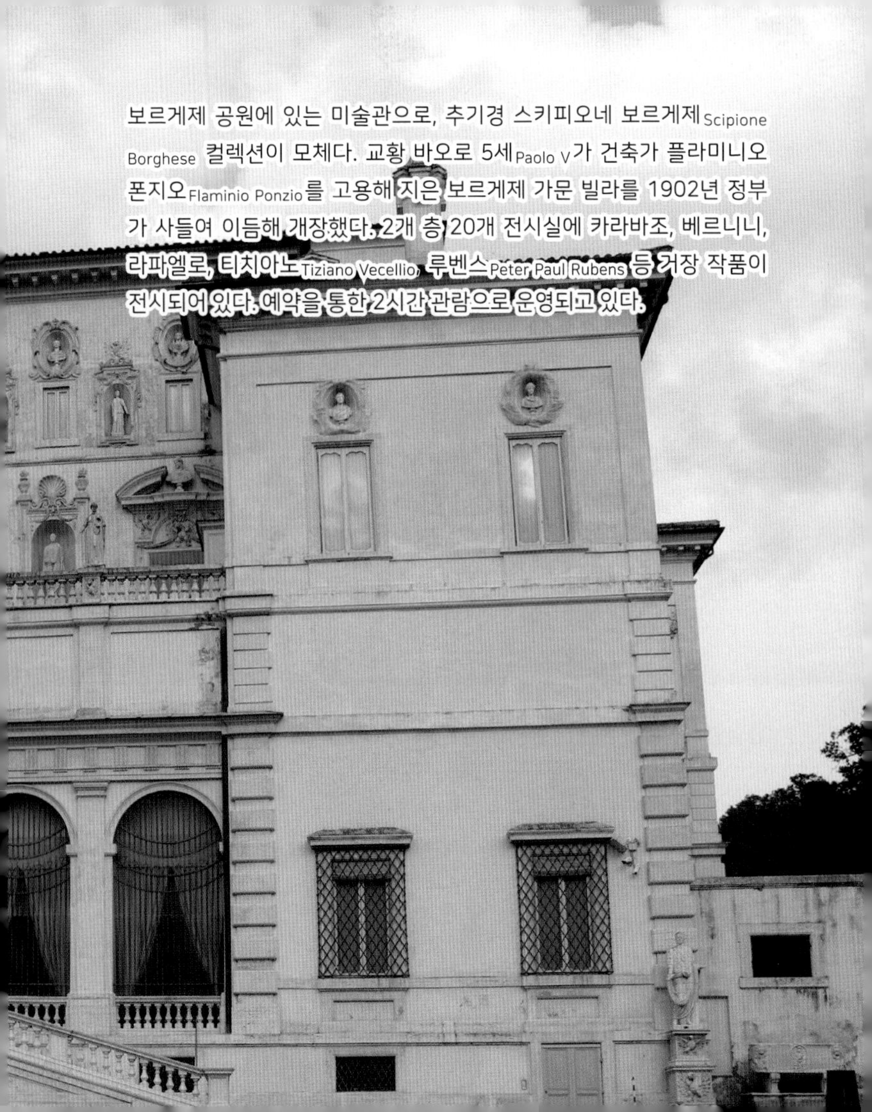

보르게제 공원에 있는 미술관으로, 추기경 스키피오네 보르게제Scipione Borghese 컬렉션이 모체다. 교황 바오로 5세Paolo V가 건축가 플라미니오 폰지오Flaminio Ponzio를 고용해 지은 보르게제 가문 빌라를 1902년 정부가 사들여 이듬해 개장했다. 2개 층 20개 전시실에 카라바조, 베르니니, 라파엘로, 티치아노Tiziano Vecellio, 루벤스Peter Paul Rubens 등 거장 작품이 전시되어 있다. 예약을 통한 2시간 관람으로 운영되고 있다.

연령별로 그려진 베르니니 자화상이다. 어린 시절과 청년, 나이 든 모습이 나란히 걸려 있다. 로마를 꾸민 예술가가 베르니니라 해도 과언이 아니다. 성당이나 미술관에 있는 걸작 외에도 로마 시내 곳곳에 작품이 남아있다. 정교한 대리석 조각이 보는 이를 감탄케 했으며 다방면에 걸친 재능으로 역대 교황의 총애를 받았다.

라파엘로의 [유니콘을 안은 여인Dama con liocorno]이다. 결혼식을 위한 그림으로 추정되는데, 손에 결혼반지가 없고 대신 전설 속 동물인 유니콘을 안고 있다. X-ray 판독 결과 유니콘은 나중에 그린 것으로 밝혀졌다. 게다가 처음부터 유니콘이 있었던 것이 아니라 작은 강아지 그림에 누군가 덧칠한 것이다. 강아지도 라파엘로가 그린 것이 아니다. 강아지는 부부간 정절을 의미하며, 유니콘은 처녀만 만질 수 있다는 전설이 있어 처녀성 상징이기도 하다. 구도나 배치 등 레오나르도 다빈치Leonardo da Vinci의 [모나리자Mona Lisa]를 모티브로 했음을 알 수 있다.

작품 속 주인공은 '아름다운 줄리아Giulia la bella'라 불렸던 줄리아 파르네세Giulia Farnese로 추정된다. 교황 알레산드로 6세Alessandro VI의 정부였으며 이 때문에 파르네세 가문은 줄리아의 모든 기록을 삭제했다고 한다. 알레산드로 6세는 호색과 탐욕으로 역대 최악의 교황에 꼽히지만, 정치적 교황으로서 뛰어났다는 평가도 있다. 알레산드로 6세는 줄리아 남편의 팔촌이었다. 줄리아 오빠 알레산드로는 교회 개혁과 르네상스 예술 후원으로 명성 높았던 훗날의 교황 바오로 3세Paolo III다.

헤리트 반 혼토르스트Gerrit van Honthorst [수산나와 장로들Die vor den Alten flüchtende Susanna]은 구약성서 「다니엘서」에 나오는 이야기를 담고 있다. 바빌론에 사는 요아킴에게는 아름다운 부인 수산나가 있었다. 평소 수산나를 눈여겨보던 두 장로는 음욕을 참지 못해 정원에서 목욕하고 있던 수산나를 유혹한다. 그러나 율법과 신심을 지키던 수산나는 완강히 거부한다. 장로들은 악의를 품고 수산나를 간통죄로 고발하는데, 당시 이는 사형이 가능한 중범죄였다. 수산나가 처지를 한탄하며 기도하자 하나님이 다니엘을 보낸다. 다니엘은 두 장로에게 수산나가 어느 나무 아래 있었는지 묻는다. 이에 장로들은 각각 아카시아와 떡갈나무라고 대답해 거짓이 드러난다.

이 이야기는 유럽 미술에서 흔한 소재였다. 교훈을 담은 내용과 목욕하는 여인에 대한 호기심 자극, 자신의 그림 실력도 보일 수 있다는 점이 화가에게 매력으로 작용했다.

혼토르스트는 이른바 '네덜란드 황금시대Gouden Eeuw' 화가였다. 카라바조 영향을 특히 많이 받았으며, 등불 같은 인공조명을 능숙하게 다뤄 인기가 많았다. 독특한 구도 속에 어둠과 빛이 대조를 이루는 야경 작품은 그에게 '밤의 헤라드Gherardo delle Notti'라는 별명을 붙여주기도 하였다. 혼토르스트 그림에서 보이는 카라바조 스타일은 네덜란드 화풍에도 영향을 미쳤는데, 렘브란트 초기 그림에 카라바조 영향이 묻어있는 것은 그가 혼토르스트 기법에 능숙했었기 때문이다.

[디아나의 사냥La caccia di Diana]이라는 이 작품이다. 도메니키노Domenichino가 추기경 피에트로 알드로브란디니Pietro Aldrobrandini 의뢰로 그린 것이다. 그리스 신화 아르테미스Artemis에 해당하는 디아나는 보통 달의 여신으로 알려졌지만, 사냥의 여신이기도 하다. 사냥이 끝난 후 님프와 활을 쏘며 즐기는 모습인데, 수풀에 숨은 이들이 보인다. 그리스 신화에 보면 목욕하는 디아나를 훔쳐본 사냥꾼이 사슴으로 변해 사냥개에게 잡아먹히는 내용이 있다.

이 작품은 시피오네 보르게제가 알드로브란디니에게서 강제로 뺏어온 것이다. 보르게제는 작업 중이던 도메니키노에게 알드로브란디니 그림을 중단하고 자신의 그림을 완성하라 명했는데, 도메니키노가 이를 거부하자 감옥에 넣기도 하였다. 보르게제 컬렉션 상당수는 이처럼 권력이나 부를 잃은 이에게서 강제 인수한 것이다.

본명이 도메니코 잠피에리Domenico Zampieri인 도메니키노는 볼로냐Bologna를 중심으로 활동한 볼로냐파 대표적 화가다. 볼로냐파는 르네상스 양식을 연구하며 파생된 절충주의 학파를 말하며 귀도 레니Guido Reni, 안니발레 카라치 등 뛰어난 화가가 나와 후대에 영향을 주었다. 도메니키노는 "작은 도메니코"란 뜻의 별명이다.

라파엘로가 그린 [그리스도의 매장Deposizione]이다. 페루자Perugia 지역 영주였던 발리오니 가문의 아탈란타 발리오니Atalanta Baglioni가 가족 간 유혈 사태로 희생된 아들 그리포네토Grifonetto Baglioni를 기리기 위해 의뢰한 것이다.

1500년 7월 그리포네토는 권력 다툼을 벌이던 경쟁 친척, 특히 남자들을 살해한다. 이 상황을 알게 된 어머니 아탈란타는 충격을 받고 아들의 피신을 외면하는데, 그리포네토도 결국 살해된다. 몇 년 후 아탈란타는 산 프란체스코 알 프라토 성당Chiesa di San Francesco al Prato 가족 예배당 제단화를 라파엘로에게 요청했고, 이 작품이 그려졌다.

의뢰 내용과 상관없어 보이지만 가족 비극을 성화로 승화한 라파엘로 의도 속에는 용서와 화해 메시지가 담겨있다고 할 수 있다.

페루지노Pietro Perugino의 [성 세바스티안San Sebastiano]이다. 성 세바스티안은 프랑스République française 출신으로 밀라노Milano에서 교육받았으며 황제 디오클레티아누스Diocleziano 경호원이었던 것으로 알려졌다. 기독교가 박해받던 시대 그는 자신의 지위를 이용해 감옥에 갇힌 기독교인을 보살폈는데, 이를 안 디오클레티아누스가 그를 묶어 활로 쏘라고 지시했다. 나무나 기둥에 묶인 채 화살을 맞은 그림 속 주인공은 거의 다 성 세바스티안이다.
이 작품은 익히 알려진 루브르 박물관Louvre 소장작 사본으로 여겨져 왔다. 눈에 띄는 차이점이라면 루브르 작품의 화살이 두 개라는 것과 하반신 천 조각 정도다. 기둥에 묶인 채 화살을 맞고 괴로워하는 순교자 모습이 처연하고 성스럽게 그려져 있다.

카라바조의 [성 지롤라모San Girolamo]다. 가톨릭에서 가장 존경받는 인물 중 한 명인 지롤라모는 보통 고행하는 은둔자로 이미지가 굳어져 있지만, 그는 학자이기도 했다. 특히 그리스어 성서를 라틴어로 번역한 성경은 교회가 정경으로 받아들였다. 고대와 기독교 문학에 정통했던 지성인이었기에, 카라바조는 그를 탁자에 앉아 집필에 몰두하는 노학자로 그렸다.

카라바조의 [과일 바구니를 든 소년Fanciullo con canestro di frutta]이다. 카라바조가 밀라노에서 로마로 와 경력을 쌓던 때 작품이다. 모델은 그의 친구였던 시칠리아Sicilia 화가 마리오 민니티Mario Minniti다. 이 작품은 카라바조가 정물을 그리던 초기 것인데, 과일을 생생한 색감으로 싱싱하게 표현했지만 색이 과하지 않아 시선이 과일 바구니에 쏠리는 것을 방지하고 있다. 미소년 초상과 과일 정물이 조화롭게 어우러지며 특히 빛과 색에 관심을 두었던 카라바조의 시선이 남달랐음을 말해준다.

카라바조의 [병든 바쿠스Bacchino malato]다. 1592년 중반 고향 밀라노에서 로마로 온 카라바조는 병원에서 6개월을 보냈는데, 당시 자신 상태를 투영한 것으로 보인다. 그림 속에 나타난 피부색과 황달 증세로 봤을 때 말라리아에 걸렸던 것으로 추측된다. 이 작품은 초기 고용주였던 주세페 체사리Giuseppe Cesari 컬렉션에 있었으나 보르게제 추기경이 [과일 껍질 벗기는 소년Ragazzo che monda un frutto], [과일 바구니를 든 소년]과 함께 사들였다. [과일 껍질 벗기는 소년]은 피렌체 로베르토 롱기 재단Fondazione Roberto Longhi에 소장되어 있다.

카라바조의 [골리앗의 머리를 든 다비드Davide con la testa di Golia]다. 골리앗을 무찌른 후 그의 머리를 들고 있는데, 승리자 표정이 아닌 연민과 상념에 빠진 모습이다. 이는 카라바조가 자신이 저지른 잘못에 대한 선처를 바라는 마음을 담아서다. 그는 술에 취하면 사고뭉치로 변했다.
1606년 5월 28일 카라바조는 적대감을 품고 있던 라누치오Ranuccio Tomassoni를 결투 중에 죽이고 만다. 중대 범죄로 감옥에 갇히나 탈옥하여 도망자 신세가 된다. 이에 그는 사면권을 가진 교황청, 또는 보르게제 추기경에게 작품을 선물하여 상황을 벗어나려 했다. 이러한 정황은 골리앗이 카라바조 자화상이라는 점을 보면 알 수 있는데, 다비드 얼굴에도 젊은 시절 그의 초상이 그려져 있다는 의견이 대두되어 이중 자화상이 되었다. 사죄 의미가 들어있다는 것은 다비드가 들고 있는 칼에서도 찾을 수 있다. 칼에 H-AS OS라고 새겨져 있는데, 이는 라틴어로 "겸손은 교만을 이긴다humilitas occidit superbiam"라는 뜻이다.

이 조각상은 베르니니 작 [프로세르피나의 납치Il Ratto di Proserpina]다. 로마 신화 속 지하 세계 신 플루토Pluto(그리스 신화 하데스Hades)가 대지 여신 케레스Ceres(그리스 신화 데메테르Demeter)의 딸 프로세르피나(그리스 신화 페르세포네Persephone)를 흠모하여 지하 세계로 납치하는 장면이다. 실제 살이 눌린 듯한 입체감이 긴박한 순간을 더욱 강조하며 조각 표현의 극한을 보여준다.
신화에 따르면 딸이 납치되었다는 것을 알게 된 케레스가 분노해 대지가 메말라 가자, 유피테르Jupiter(로마 신화 최고신. 그리스 신화 제우스Zeus. 프로세르피나 아버지다)가 직접 중재에 나서며 프로세르피나가 아무것도 먹지 않아야 구할 수 있다고 한다. 그러나 프로세르피나는 하데스가 준 석류를 먹고 만다. 이에 프로세르피나가 반년은 케레스와, 반년은 지하 세계에서(각각 이승과 저승을 의미하기도 한다) 보내기로 결론이 난다. 프로세르피나가 지하 세계에 있을 때는 케레스가 슬퍼해 겨울이 찾아오고, 다시 만나면 봄이 오는데 프로세르피나를 환영하기 위해 대지에 꽃이 핀다고 한다.
이 이야기는 씨앗이 땅속에 묻혔다가 생명으로 움터 세상을 풍요롭게 만드는 과정을 의미한다. 프로세르피나는 어머니 데메테르와 함께 대지와 곡물을 상징한다. "씨앗을 품고 있는 중심부"를 뜻하는 영어 코어core의 어원 코레Kore는 프로세르피나의 다른 이름이며, 처녀나 딸을 가리키는 말이기도 하다.
머리 셋 달린 개는 그리스 신화에서 지하 세계, 즉 저승을 지키는 문지기 케르베로스Cerberus다. 죽은 이가 다시 나가는 것을 막고 있으며 산 사람이 들어오지 못하게 한다. 오르페우스Orfeo와 헤라클레스Hercules 등 여러 신화 속 이야기에 등장한다.
[아폴로와 다프네L'Apollo e Dafne]와 함께 보르게제 미술관에서 반드시 봐야 할 베르니니 작품이다.

GIAN LORENZO BERNINI

[아폴로와 다프네]다. [프로세르피나의 납치]와 함께 베르니니 대표작으로 보르게제 미술관 필수 관람 작품이다. 고대 로마 시인 오비디우스 Publius Ovidius Nasō의 역작 「변신 이야기Metamorphoses」에서 영감을 얻어 제작되었다. 「변신 이야기」는 천지 창조로부터 시작해 신과 인간이 얽힌 갖가지 이야기를 담고 있다. 특히 로마 서사, 트로이 전쟁과 그 후 로마가 건국되기까지 과정이 묘사되어 있으며 카이사르 죽음으로 대서사시가 끝난다. 성서와 함께 서양 중세 문화를 이루는 축으로 여겨지는데, 그리스 로마 신화 최고 기술로 평가받고 있다. 기독교가 지배하기 이전 서양 문화 기틀이 고스란히 보존된 책이다.

베르니니는 이 책에 나오는 아폴로와 다프네 이야기를 모티브로 삼았다. 사랑 신 큐피드Cupid의 화살을 맞은 태양신 아폴로는 강의 신 페네이오스 Peneios의 딸 다프네를 보고 한눈에 반한다. 그러나 다프네가 아폴로의 애정 공세를 거부하고 도망치자 뒤를 쫓아 다프네를 잡으려 한다. 다프네는 아버지 페네이오스에게 기도하고 이내 월계수로 변한다. 베르니니는 다프네가 월계수 나무로 변하는 장면을 포착했다. 간절함과 절망, 그리고 마법의 순간이 더없는 아름다움으로 표현되어 있다.

이 작품은 베르니니 작업이 밀리자 제자 줄리아노 피넬리Giuliano Finelli가 제작에 참여했는데, 나뭇가지나 머리카락 등 나무로 변하는 세부 모습을 작업하였다.

베르니니의 [다비드David]다. 성서에 나오는 다비드와 골리앗의 싸움을 묘사한 것이다. 1623년부터 1624년에 걸쳐 7개월 만에 완성하였다. 이제 막 돌을 던져 골리앗을 쓰러뜨리려는 찰나를 포착하였다. 굳게 다문 입과 역동적 자세는 적을 향한 단호한 의지를 보여준다. 전투 중인 영웅이 힘차고 진지한 모습으로 조각되어 있어, 곧 승리하는 순간을 예측할 수 있다. 보통 미술 작품 속 다비드는 골리앗을 쓰러뜨린 후 모습이지만, 베르니니는 돌을 던지는 것으로 앞뒤 정황을 상기시키고 있다. 돌 던지는 다비드는 고대 이후 작품에서 찾아보기 드문 것이었다.

보르게제 미술관은 보르게제 공원 안에 있어 관람 전후 한적하게 공원을 산책해도 좋다. 상당히 넓고 오가는 사람이 많지 않아 관광객으로 부산한 중심지와 동떨어진 느낌을 준다.

♣ 주소 : Piazzale Scipione Borghese, 5

스페인 광장
Piazza di Spagna

스페인 광장은 포폴로 광장을 통해 로마에 온 방문객이 마차를 세워 두던 곳이다. 15세기 스페인이 이 지역을 사들여 바티칸 주재 대사관을 세우고 광장을 조성하면서 스페인 광장이라는 명칭이 붙게 되었다.
스페인 광장은 리스트, 괴테, 바이런, 키츠와 같은 유명 예술가들이 살았던 지역이며, 그들이 자주 찾았던 안티코 카페 그레코Antico Caffè Greco는 지금도 영업 중이다. 스페인 광장에서 유명한 곳은 스페인 계단과 바르카치아 분수Fontana della Barcaccia다. 스페인 계단은 테라스가 있는 바로크 양식 돌계단으로, 정식 명칭은 "언덕 위 삼위일체 계단Scalinata di Trinità dei Monti"이다. 언덕 위에 있는 트리니타 데이 몬티 성당Chiesa della Trinità dei Monti을 오르기 위해 프랑스인 자금으로 만들어졌으며, 건축가 프란체스코 데 상크티스Francesco De Sanctis가 디자인했다. 트리니타 데이 몬티 성당은 로마에 있는 프랑스 교회 중 하나로 1519년 프란체스코 다 파올라Francesco da Paola가 성인으로 시성 될 무렵 거의 완성되었다.
스페인 계단 왼편 건물 카페는 1893년 영국 여성 2명이 문을 연 영국식 티 카페 바빙톤스 티 룸Babington's tea room이다.
영화 <로마의 휴일Roman Holiday, 1953>에서 오드리 헵번Audrey Hepburn이 젤라토gelato를 먹었던 것처럼 스페인 계단에 앉아 무언가를 먹으면 벌금을 물 수 있으니 음식물은 절대 먹지 않도록 한다.
언제나 사람들로 붐비는 스페인 계단이 좀 더 인상적인 시기는 꽃으로 장식되는 봄과 커다란 크리스마스트리가 서는 겨울이다. 명품점이 늘어선 광장 앞 콘도티 거리via dei Condotti와 코르소 거리via del Corso도 유명하다.

ANTICO CAFFÈ GRECO
85
86
Caffè Greco
85

TEA ROOM

BABINGTONS
BABINGTON'S
TEA
ROOMS
BABINGTONS
TEA ROOM & CAFE'

바르카치아 분수는 "낡은 배의 분수"라는 뜻으로, 잔 로렌초 베르니니의 아버지 피에트로 베르니니Pietro Bernini가 디자인했다. 테베레강이 홍수로 범람하여 이곳에 낡은 배가 떠내려온 것에 영감을 받아 만든 작품이다. 제작에는 잔 로렌초 베르니니도 참여했다. 뱃머리 부분에서 나오는 물은 고대 로마 수로 중 하나인 아쿠아 비르고Aqua Virgo를 통해 공급되며 트레비 분수에도 들어간다.

♣ 주소 : Piazza di Spagna

트레비 분수
Fontana di Trevi

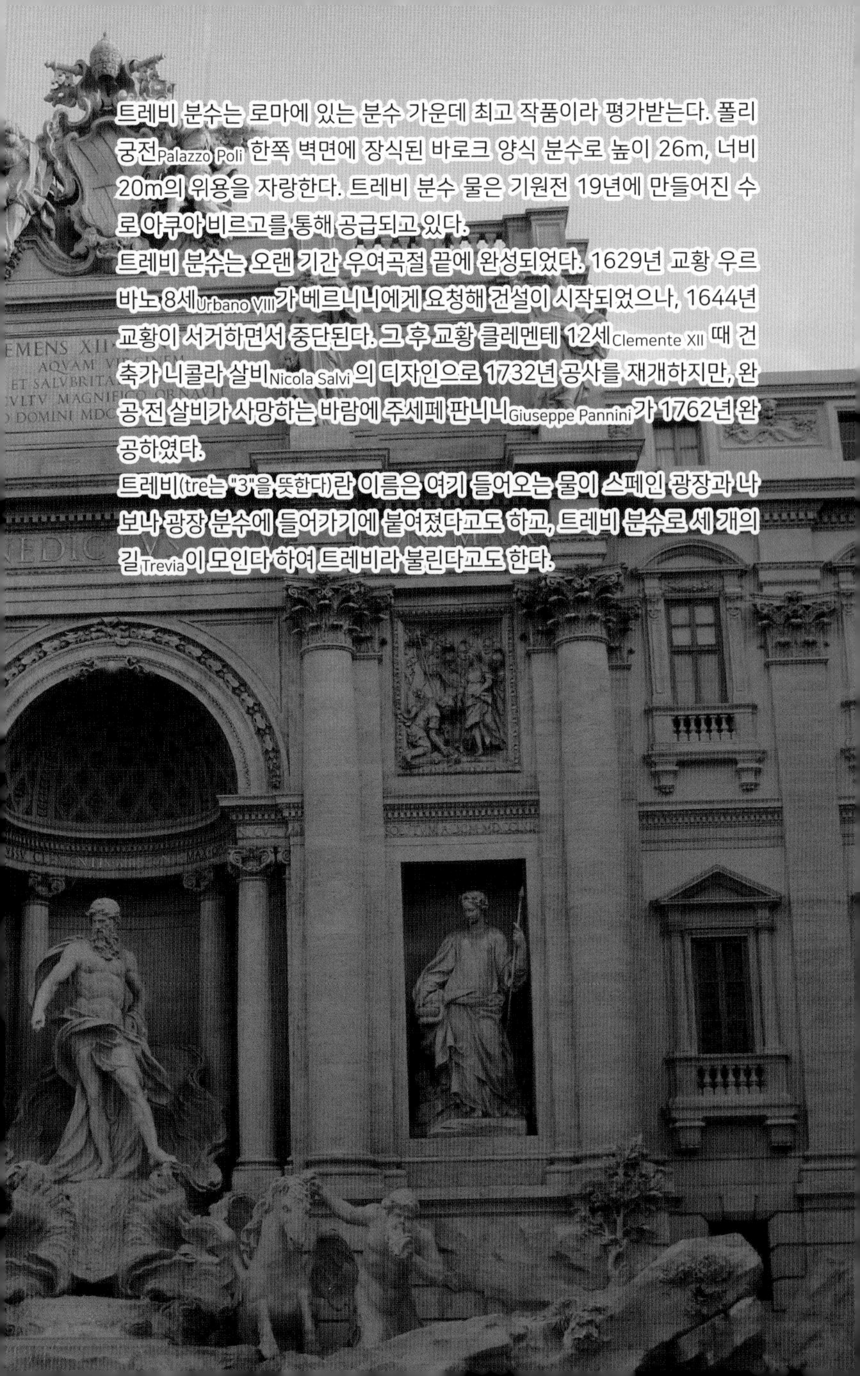

트레비 분수는 로마에 있는 분수 가운데 최고 작품이라 평가받는다. 폴리 궁전Palazzo Poli 한쪽 벽면에 장식된 바로크 양식 분수로 높이 26m, 너비 20m의 위용을 자랑한다. 트레비 분수 물은 기원전 19년에 만들어진 수로 아쿠아 비르고를 통해 공급되고 있다.

트레비 분수는 오랜 기간 우여곡절 끝에 완성되었다. 1629년 교황 우르바노 8세Urbano VIII가 베르니니에게 요청해 건설이 시작되었으나, 1644년 교황이 서거하면서 중단된다. 그 후 교황 클레멘테 12세Clemente XII 때 건축가 니콜라 살비Nicola Salvi의 디자인으로 1732년 공사를 재개하지만, 완공 전 살비가 사망하는 바람에 주세페 판니니Giuseppe Pannini가 1762년 완공하였다.

트레비(tre는 "3"을 뜻한다)란 이름은 여기 들어오는 물이 스페인 광장과 나보나 광장 분수에 들어가기에 붙여졌다고도 하고, 트레비 분수로 세 개의 길 Trevia이 모인다 하여 트레비라 불린다고도 한다.

분수 중앙에는 바다신 넵투누스Neptunus(넵튠, 로마 신화. 그리스Greece, Hellenic Republic 신화 포세이돈Poseidon)가 조개 모양 마차 위에 서 있고, 마차를 끄는 두 마리 해마는 트리톤Triton(그리스 신화에 나오는 포세이돈 아들. 종종 여럿이 등장하기도 하는데 이때는 트리토네Tritone라 한다)이 이끌고 있다. 두 마리 말 중 움직임이 큰 왼편 말은 격동의 바다를, 그보다 움직임이 작은 오른편 말은 고요한 바다를 표현하고 있다. 넵투누스 왼쪽 여신은 풍요를, 오른쪽 여신은 건강을 상징한다.

두 여신 위쪽에 있는 각각의 부조는 트레비 분수 수로인 아쿠아 비르고 이야기를 조각한 것이다. "처녀 수로"란 뜻을 가진 아쿠아 비르고는 기원전 19년 아우구스투스 황제 때 아그리파Marcus Vipsanius Agrippa(로마 제국 장군이자 정치가. 아우구스투스의 정치·외교에 큰 도움을 준 조력자였다)가 만들었다. 아그리파는 병사들에게 수원水源을 찾으라는 명령을 내렸는데(위쪽 사진), 이를 찾다 지친 병사들 앞에 한 처녀가 나타나 어떤 지점을 가리켜 파보았더니(아래쪽 사진) 물이 나왔다는 이야기가 전해진다. 2,000년이 지난 지금까지도 사용되고 있다.

PIZZA

트레비 분수 오른쪽 2층 끝 창문은 실제처럼 보이지만 벽면에 그린 것이니 재미 삼아 한 번 찾아보자(사진에서 보면 빛이 반사되지 않는 것을 알 수 있다).

트레비 분수 오른편 가장자리 육중한 항아리 조각상에는 두 가지 설이 있다. 하나는 분수를 만들 때 이를 반대하는 주민들 시야를 가리기 위해 만들었다는 것이고, 또 하나는 니콜라 살비의 공사 진행을 시시콜콜 간섭하는 이발사가 있어 못 보게 하려고 이발소 앞에 조각상을 세웠다는 설이다. 재미있는 것은 영화 <로마의 휴일>에서 오드리 헵번이 머리를 다듬던 이발소가 바로 이 항아리 조각상 앞에 있다.

트레비 분수에 동전 던지는 사람을 종종 볼 수 있는데, 동전을 한 번 던지면 로마에 다시 오고, 두 번 던지면 사랑이 이루어진다고 한다. 세 번 던지기도 하나 세 번째 의미는 제각각이다. 분수를 등진 채 오른손에 동전을 쥐고 왼쪽 어깨 너머로 던진다.

♣ 주소 : Piazza di Trevi

판테온
Pantheon

판테온은 그리스어로 "모든 신의 신전"이란 뜻이다. 아우구스투스 오른팔이자 사위인 아그리파가 일곱 행성 신을 기리기 위해 건축했다. 여러 번 화재로 지금은 이전 모습을 찾아볼 수 없다. 현재의 판테온은 118년~128년 황제 하드리아누스Publius Aelius Hadrianus가 새롭게 재건한 것이다. 판테온 정면 위에 쓰인 글귀 M·AGRIPPA·L·F·COS·TERTIVM·FECIT(루시우스 아들 마르쿠스 아그리파가 세 번째 집정관 때 만들었다)는 아그리파 건축 당시 판테온 명문으로 하드리아누스가 재건하면서 바꾸지 않고 그대로 사용하였다.

로마 시대 건축물인 판테온이 청동 부조물 약탈 외에 다른 훼손을 겪지 않았던 것은 609년 동로마 제국(비잔틴 제국Impero bizantino) 황제 포카스Flavius Phocas Augustus가 교황 보니파시오 4세Bonifacio IV에게 기증하여 산타 마리아 아드 마르티레스Santa Maria ad Martyres라는 성당으로 개축했기 때문이다.

판테온은 내부 지름과 높이 모두 약 43m, 벽두께는 약 6m로 철근 없이 건설한 거대 돔 건축물이다.
천장의 지름 약 8m 구멍 오쿨루스Oculus는 창문이 없는 판테온 내부에 빛을 공급하고, 제사 때 발생하는 연기를 배출하는 기능을 담당하였다. 원형 창인 오쿨루스로는 빗물이 들어오지 않는다는 속설이 있으나 이는 판테온 문 개폐 여부에 따라 다르다. 오쿨루스를 통해 들어오는 빗물을 배수할 수 있도록 바닥을 경사면으로 설계하였고 작은 배수 구멍이 있다. 판테온 건축 양식은 피렌체의 두오모Duomo나 파리의 팡테옹Panthèon 등에서 볼 수 있듯 서양 건축사에 많은 영향을 주었다.

비토리오 에마누엘레 2세 무덤

움베르토 1세와 왕비 무덤

라파엘로 무덤

판테온에는 이탈리아를 통일한 초대 국왕 비토리오 에마누엘레 2세, 그의 아들 움베르토 1세와 왕비, 그리고 예술가 라파엘로의 무덤이 있다.

♣ 주소 : Piazza della Rotonda

산타 마리아 소프라 미네르바 성당
Basilica di Santa Maria Sopra Minerva

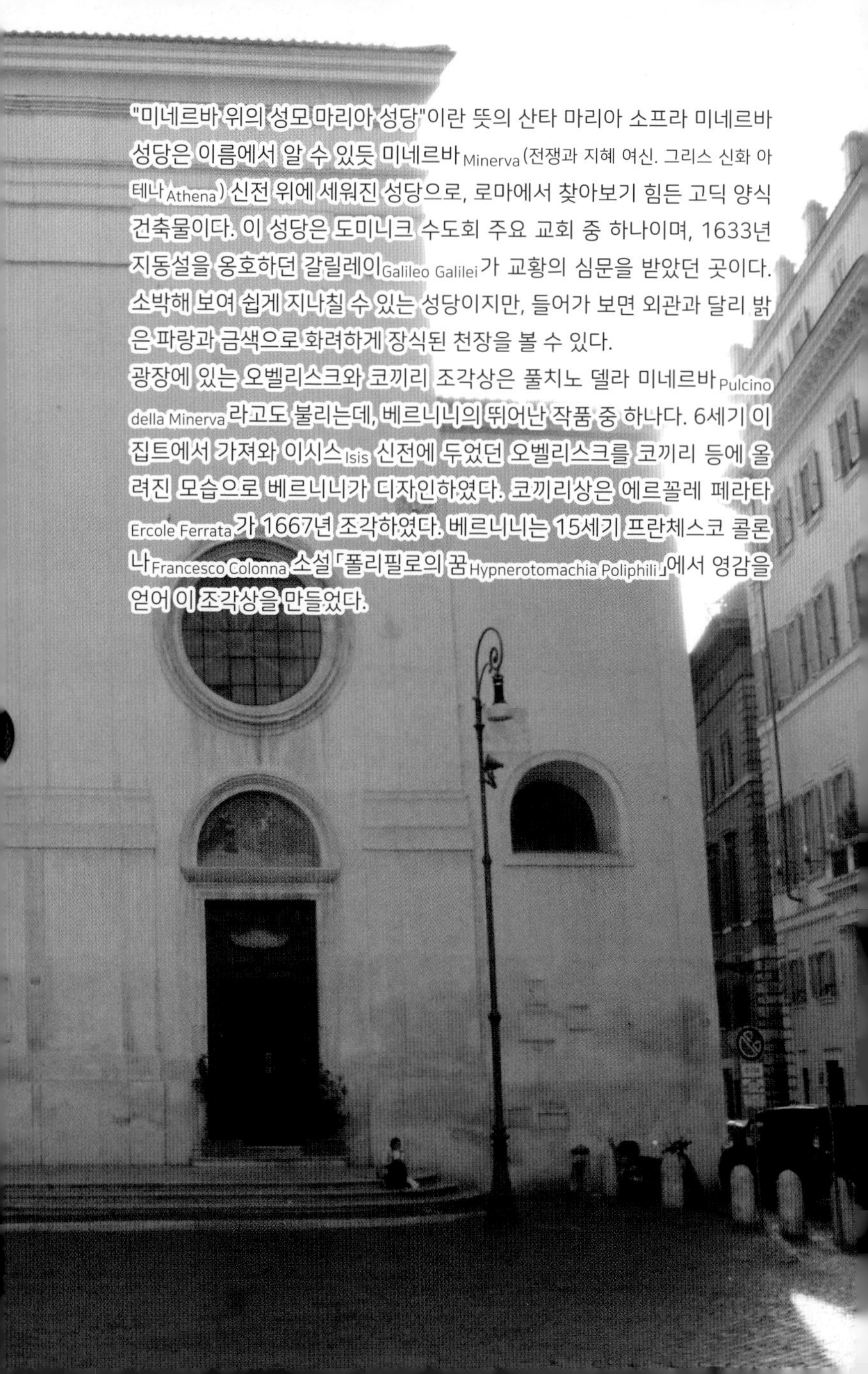

"미네르바 위의 성모 마리아 성당"이란 뜻의 산타 마리아 소프라 미네르바 성당은 이름에서 알 수 있듯 미네르바Minerva(전쟁과 지혜 여신. 그리스 신화 아테나Athena) 신전 위에 세워진 성당으로, 로마에서 찾아보기 힘든 고딕 양식 건축물이다. 이 성당은 도미니크 수도회 주요 교회 중 하나이며, 1633년 지동설을 옹호하던 갈릴레이Galileo Galilei가 교황의 심문을 받았던 곳이다. 소박해 보여 쉽게 지나칠 수 있는 성당이지만, 들어가 보면 외관과 달리 밝은 파랑과 금색으로 화려하게 장식된 천장을 볼 수 있다.

광장에 있는 오벨리스크와 코끼리 조각상은 풀치노 델라 미네르바Pulcino della Minerva라고도 불리는데, 베르니니의 뛰어난 작품 중 하나다. 6세기 이집트에서 가져와 이시스Isis 신전에 두었던 오벨리스크를 코끼리 등에 올려진 모습으로 베르니니가 디자인하였다. 코끼리상은 에르꼴레 페라타Ercole Ferrata가 1667년 조각하였다. 베르니니는 15세기 프란체스코 콜론나Francesco Colonna 소설 「폴리필로의 꿈Hypnerotomachia Poliphili」에서 영감을 얻어 이 조각상을 만들었다.

성당 중앙 제대 밑에는 시에나 성녀 카타리나Caterina da Siena의 관이 있다. 머리 없는 카타리나 시신이 안치되어 있다. 머리와 엄지손가락은 시에나의 산 도메니코 성당Basilica Cateriniana di San Domenico에 있다. 카타리나는 교황 그레고리오 11세Gregorio XI를 설득해 아비뇽 유수Avignonese Captivity(프랑스 왕이 교황청을 프랑스 남부 아비뇽으로 옮겨와 교황을 왕권 아래 두었던 사건. 1309년~1377년까지 7대의 교황에 걸쳐 있었다. 프랑스의 필립 4세Philip IV는 교황 보니파키우스 8세Bonifacio VIII와 대립하였는데, 삼부회를 소집해 지지를 끌어내자 교황에게 도전해 승리하였다. 이는 왕권이 강화되고 교황권이 약화하였음을 보여주는 것이었다. 이후 교황은 프랑스 왕의 강한 간섭을 받았으며, 로마와 아비뇽에 두 명의 교황이 존재하는 이른바 '대분열 시대1378~1417'까지 오게 된다)를 끝내고 로마로 귀환토록 하는 데 중요한 역할을 하였다.
아시시의 성 프란체스코San Francesco d'Assisi와 함께 이탈리아 공동 수호성인이다.

중앙 제단 왼편 프란지파네 예배당Cappella Frangipane에는 도미니크회 수도사이자 초기 르네상스 화가인 베아토 안젤리코Beato Angelico 무덤이 있다. 베아토 안젤리코(프라 안젤리코Fra Angelico로 널리 알려져 있다)는 그림 그리는 행위를 기도하는 것과 동일시하였으며, 레오나르도 다빈치Leonardo da Vinci 같은 후기 르네상스 화가들에게 영향을 끼쳤다.

중앙 제단 오른쪽 카라파 예배당Capella Carafa은 성 토마스 아퀴나스Thomas Aquinas를 기리기 위해 추기경 올리비에로 카라파Oliviero Carafa가 만든 예배당이다. 15세기 말 필리피노 리피Filippino Lippi가 그린 유명 프레스코 [수태고지Annunciazione]와 [성모승천]이 있다. 제단 바로 위 그림이 [수태고지]인데 성모 마리아 앞에 무릎 꿇고 있는 이가 카라파이며, 옆에서 그를 소개하는 인물이 아퀴나스다. [수태고지] 위에 [성모승천]이 그려져 있다.

[십자가를 지고 가는 그리스도(크리스토 델라 미네르바Cristo della Minerva)]라는 이 조각상은 미켈란젤로Michelangelo Buonarroti 작품이다. 하지만 그가 조각했다고 하기에는 조금 석연찮은 어설픔이 묻어난다. 로마 귀족 메텔로 바리Metello Vari가 미켈란젤로에게 의뢰해 만들었는데, 시작은 이 조각상이 아니었다. 미켈란젤로는 조각을 시작한 대리석에 문제가 생기자 더 이상 작업을 진행할 수 없었다. 이후 제자 피에트로 우르바노Pietro Urbano에게 마지막 작업을 맡겼지만 작품에 문제를 일으켜 페데리코 프리치Federico Frizzi가 마무리했다. 원래 누드 조각상이었으나 교황 바오로 4세Paolo IV 명으로 청동 천이 덧입혀졌다.

♣ 주소 : Piazza della Minerva, 42

나보나 광장
Piazza Navona

나보나 광장은 86년 도미티아누스Titus Flavius Domitianus 황제가 만든 대전차 경기장(도미티아누스 경기장Stadio di Domiziano)이다. 위에서 내려다보면 육상 트랙 모양을 하고 있다. 테베레강에서 물을 끌어와 모의 해전을 하기도 하였다. 당시 시민을 위한 스포츠 시설이자 행사장이었는데 지금은 그때 모습이 거의 사라지고 경기장 흔적만 남아있다. 로마 시민뿐 아니라 관광객도 꾸준히 즐겨 찾는 명소다.

현재 광장 주변 건물 자리가 관람석이었으며, 넵튠 분수가 있는 북쪽 바깥 도로에 경기장 유적이 남아 있다. 17세기 들어 교황 인노첸시오 10세 Innocenzo X에 의해 지금 모습이 되었다.

나보나 광장은 바로크 양식으로 만든 3개 분수가 유명하다. 각 분수 명칭은 넵튠 분수Fontana di Nettuno, 피우미 분수Fontana dei Fiumi, 모로 분수Fontana dei Moro로, 이 가운데 눈여겨 봐야 할 것은 중앙에 있는 피우미 분수(4대강 분수)다. 피우미 분수는 유럽의 도나우강(다뉴브강), 아시아의 갠지스강, 아프리카의 나일강, 남아메리카의 라 플라타강을 조각상으로 의인화한 것이다. 1651년 베르니니가 만들었다.

라 플라타La Palata

나일Nile

조각상 중 겁에 질린 듯 손을 들고 있는 라 플라타강과 천을 둘러쓰고 있는 나일강은, 보로미니Francesco Borromini가 분수 앞에 건축한 성 아그네스 인 아고네Sant'Agnese in Agone성당이 무너질까 봐 이런 모습이라고 한다 (성당 명칭 유래인 성녀 아그네스는 신앙을 포기하고 이교도와 결혼하라는 명을 거절해 발가벗겨졌는데 이때 머리가 자라나 몸을 덮었다고 한다. 아름답기로 소문났던 아그네스는 그를 노리는 이들로부터 고초를 당했지만 끝까지 신앙과 순결을 지키다 나보나 광장에서 순교하였다). 보로미니 건축물을 보기 싫어했다던 베르니니의 위트였다고나 할까. 이것을 보고 보로미니는 성당 종탑 아래 가슴에 손 얹은 아그네스 조각상을 세워 안심시켰다는 이야기가 있다. 물론 이것은 근거 없는 일화지만 당시 라이벌이었던 베르니니와 보로미니 관계를 짐작게 한다. 재미있는 것은 베르니니 건조물 주변에는 꼭 보로미니 건축물이 있다는 사실이다.

갠지스Ganges

도나우Donau

나보나 광장 북쪽 넵튠 분수는 문어를 잡는 바다신 넵튠을 조각한 것으로, 한 사람이 세운 작품이 아니다. 1574년 자코모 델라 포르타Giacomo della Porta가 만들어 놓은 분수대에 1878년 안토니오 델라 비타Antonio della Bitta가 넵튠 조각상을 설치한 것이며, 가장자리 조각은 1873년 그레고리오 차팔라Gregorio Zappala가 설치했다.

광장 남쪽 모로 분수는 무어인Moors(8세기부터 이베리아반도에 진출한 아랍계 이슬람교도를 가리키는 명칭. 원주민인 스페인 사람들은 이들을 모로라 불렀다)의 분수라고도 불린다. 가장자리 돌고래와 트리톤 조각상은 1575년 델라 포르타가 만들었으며, 분수 중앙 조각상은 1653년 베르니니가 제작하였다.

나보나 광장은 아침 일찍 방문하는 것이 좋다. 삼삼오오 운동 나온 사람과 애완견을 데리고 산책하는 현지인 모습은, 관광지가 아닌 삶의 일부로서 나보나 광장을 보여준다. 한가롭게 광장을 오롯이 즐길 수 있다. 또한 크리스마스 시즌에는 크리스마스 마켓이 열린다.

♣ 주소 : Piazza Navona

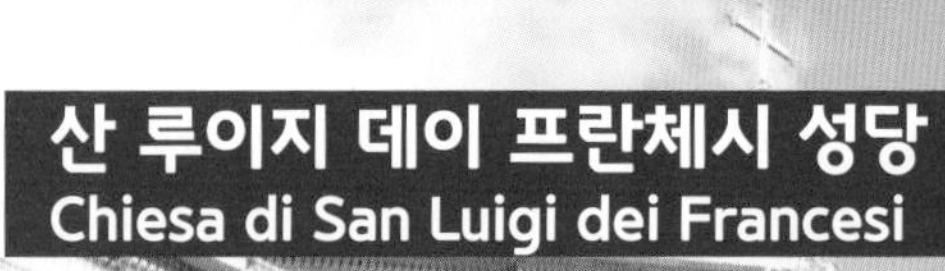

산 루이지 데이 프란체시 성당
Chiesa di San Luigi dei Francesi

산 루이지 데이 프란체시 성당은 성모 마리아와 성인 디오니시오Dionigi l'Areopagita, 프랑스 왕 루이 9세Louis IX에게 봉헌된 성당으로 로마에 있는 프랑스 국립 성당이다. 이 성당은 델라 포르타가 디자인하고, 도메니코 폰타나Domenico Fontana가 1589년 완성하였다. 콘타렐리 예배당Cappella Contarelli에는 카라바조의 [성 마태오Matteo(마태) 연작]이 전시되어 있다. [성 마태오 연작]은 프랑스 출신 추기경 마태오 콘타렐리가 자신이 사들인 예배당에 마태오를 주제로 한 장식을 원하면서 탄생한 작품이다. [성 마태오의 소명Vocazione di San Matteo], [성 마태오의 순교Martirio di San Matteo], [성 마태오와 천사San Matteo e l'angelo]로 구성되어 있다.

[성 마태오의 소명]은 세리稅吏(로마의 세금 징수 관리. 당시 로마는 일정액만 받으면 그만이었기 때문에 세리들이 더 걷어 착복해도 이를 묵인하였다)였던 마태오에게 예수와 베드로가 나타나 손짓으로 부르는 장면이다. 1599년~1600년 그렸다. 카라바조는 마태오가 있는 장소를 자신이 사는 시대에 맞춰 표현하였다. 예수는 우리 삶 속에 나타난다는 것을 보여 주기 위해 신약성서 속 당시가 아닌 카라바조가 살던 일상 모습으로 그렸다. 그림에 등장하는 인물은 이웃을 모델로 했다고 한다. 탁자 가운데 앉아 "저요?" 하는 표정으로 자신을 가리키는 이는 굳이 설명하지 않아도 마태오임을 알 수 있다. 마태오에게 엄청난 순간임을 현실감 넘치게 드러내고 있다. 그리고 그림 속 빛 방향이 예수가 가리키는 방향과 같고, 성당 창문으로 들어오는 빛 또한 같은 방향임을 알 수 있다. 꼭 예수 손짓에 따라 광명이 비치는 듯한 연출로 보는 이를 집중시킨 카라바조나, 이를 놓치지 않고 창문 바로 옆에 그림을 건 것 모두 소소한 감동으로 다가온다.

[성 마태오의 순교]는 1599년~1600년 그려졌으며 마태오가 순교하는 순간을 사실적으로 묘사하고 있다. 카라바조가 [병든 바쿠스Bacchino malato]와 [음악가들I musici]에 이어 세 번째로 자신을 그려 넣은 작품이다. 마태오 손목을 잡고 죽이려는 남자 뒤에 카라바조가 보인다.

[성 마태오와 천사]는 1602년 완성된 작품으로 [성 마태오의 소명]과 [성 마태오의 순교] 이후 주문받아 그린 것이다. 처음 그린 [성 마태오와 천사]가 점잖지 못하다는 이유로 거절당하자(이 그림은 제2차 세계 대전 때 소실되어 현재 흑백 사진만 남아있다), 다시 그린 그림이 현재 성당에 걸려 있는 이 작품이다. 마태오가 천사 도움을 받아 「마태복음」을 쓰는 장면이다. 천사를 마태오 머리 위에 배치해 「마태복음」이 하늘에서 내려왔다는 것을 강조하고 있다.

소실된 성 마태오와 천사

♣ 주소 : Piazza di S. Luigi de' Francesi

베네치아 광장
Piazza Venezia

로마 중심에 있는 베네치아 광장은 16세기 베네치아 공화국 대사관이었던 베네치아 궁전에서 그 명칭이 유래되었다. 광장에 웅장하게 서 있는 하얀색 대리석 건물은 비토리오 에마누엘레 2세 기념관 Monumento a Vittorio Emanuelle II 이다. 이탈리아를 통일한 초대 국왕 비토리오 에마누엘레 2세를 기념하기 위해 세웠으며, 주세페 사코니 Giuseppe Sacconi 설계로 1885년 착공해 이탈리아 통일 50주년이던 1911년 완공되었다.

베네치아 궁전은 제2차 세계 대전 때 무솔리니Benito Mussolini가 사무실로 사용했으며, 발코니에서 참전을 선포하였다. 현재 박물관이 들어서 있다. 비토리오 에마누엘레 2세 기념관을 등지고 광장 중심 왼편 건물이 베네치아 궁전이고 오른편은 베네치아 궁전을 복제한 건물이다.

베네치아 궁전

베네치아 궁전을 복제한 건물

PER LEGGE
DEL XVI MAGGIO

비토리오 에마누엘레 2세 기념관 앞 계단을 올라가면, 중앙에 비토리오 에마누엘레 2세 청동 기마상이 있다. 그리고 아래 제단에 이탈리아를 위해 전사한 무명용사의 묘가 있다. 그 앞 '꺼지지 않는 불'은 두 명의 보초가 지키고 있다. 용사를 기리는 제단 주변과 계단은 엄숙한 장소이므로 계단에 앉거나 뛰어다니는 등의 행동은 삼가야 한다.

코린트 기둥이 받치는 기념관 상부 양쪽에는 전차를 탄 승리의 여신상이 있다. 그 아래에 라틴어로 각각 PATRIAE UNITATI, CIVIUM LIBERTATI 란 문구가 새겨져 있으며 이는 "조국 통일", "시민의 자유"란 뜻이다.

사실 이 기념관은 이탈리아인들에게 좋은 평가를 받는 건축물이 아니다. 기념관을 짓는 과정에서 카피톨리누스 신전 유적이 훼손되었고, 로마 유적들과는 어울리지 않는 외관 때문에 '웨딩 케이크', '타이프라이터'라는 조롱 섞인 별명이 붙여지기도 하였다. 하지만 기념관 옥상에 올라가면 로마 중심부 전경이 파노라마처럼 펼쳐진다.

비토리오 에마누엘레 2세 기념관을 등지고 베네치아 광장 오른편 기둥은 트라야누스 원주Colonna Traiana로, 로마 황제 트라야누스가 다키아 전쟁 승리Conquista della Dacia를 기념하기 위해 113년 완성한 도리아 양식 기념비다. 다키아는 고대 루마니아România 영토 지명이다.
원주 높이는 30m, 받침을 포함한 높이가 38m, 지름은 3.7m다.

원주 표면에는 다키아 전쟁 내용이 나선형 부조로 새겨져 있다. 당시 참전 부대 휘장을 포함해 로마군 전술까지 알 수 있어 로마 사실주의 미술 양식을 볼 수 있는 역사적 사료다. 꼭대기에 트라야누스 청동상이 있었으나 1587년 교황 식스토 5세 때 성 베드로 청동상으로 바뀌었다.
베드로 손에 열쇠가 들려있는데, 이는 예수가 '너는 베드로라. 내가 이 반석 위에 내 교회를 세우리니 음부의 권세가 이기지 못 하리라. 내가 천국 열쇠를 네게 주리니 네가 땅에서 무엇이든지 매면 하늘에서도 매일 것이요, 네가 땅에서 무엇이든지 풀면 하늘에서도 풀리리라' 한 성서 구절로 인한 것이다. 이 때문에 베드로를 표현한 작품에 상징적으로 열쇠가 있다. 박물관과 성당에서 보게 되는 성화나 조각에서 열쇠를 쥔 인물이 있으면 그가 베드로다.
트라야누스 원주가 있는 곳은 트라야누스 황제가 만든 트라야누스 포룸 Forum(고대 로마의 공공 광장)이었다.

♣ 주소 : Piazza Venezia

캄피돌리오 광장
Piazza del Campidoglio

고대 로마의 중심이 되었던 7개 언덕(팔라티노 Palatino, 퀴리날레 Quirinale, 캄피돌리오 Campidoglio, 아벤티노 Aventino, 첼리오 Celio, 에스퀼리노 Esquilino, 비미날레 Viminale) 중 하나인 캄피돌리오 언덕에 세워진 광장이다. 로마 제국 멸망 후 버려져 있던 이 언덕에 교황 바오로 3세가 새로운 광장 조성과 기존 건물(오른편 콘세르바토리 궁전 Palazzo dei Conservatori del Campidoglio 과 중앙의 세나토리오 궁전 Palazzo Senatorio) 리모델링을 미켈란젤로에게 의뢰해 만들어졌다. 캐피털 Capital의 어원이 된 캄피돌리오(카피톨리노 Capitolino 라고도 불린다) 언덕에 유피테르 신전이 있어 집정관이 취임하면 제일 먼저 이 신전에 참배하였으며, 전쟁을 마치고 돌아오는 군대 개선 행렬도 이곳을 방문하는 것이 관례였다. 유피테르 신전뿐 아니라 25개 다른 신전도 세워지면서 로마에서 가장 많은 신전을 가진 언덕이 되었다.

캄피돌리오 광장은 코르도나타Cordonata라는 돌계단에서부터 시작된다. 계단 아래에서 위를 바라볼 때 좌우 폭이 위로 갈수록 좁아 보이지만, 미켈란젤로는 이 계단을 밑에서 위로 바라보아도 일직선이 되게 설계하였다고 한다. 그렇기에 계단 위쪽 좌우 폭이 아래보다 넓다. 또한 미켈란젤로는 경사를 완만하게 설계했는데 이는 황제가 말에서 내리지 않고 올라갈 수 있도록 하기 위함이었다. 계단 정상 양쪽에 서 있는 조각상은 유피테르의 쌍둥이 아들 카스토르와 폴룩스다. 포로 로마노의 '카스토르와 폴룩스 신전Tempio di Castore e Polluce'에 있던 조각상을 옮겨왔다. 이들은 우애가 깊은 형제로 신화에 등장하며, 별자리인 쌍둥이자리Gemini 주인공이다.

광장에 올라오면 제일 먼저 눈에 띄는 것이 마르쿠스 아우렐리우스Marcus Aurelius Antonius 청동 기마상이다. 아우렐리우스는 로마 제국 제16대 황제이자 마지막 5현제五賢帝다. 5현제란 로마 제국 전성기에 차례로 군림한 다섯 군주를 지칭하는데, 이들 시대는 번영과 평화가 지속된 때였다. 네르바Marcus Cocceius Nerva(재위 96~98), 트라야누스Marcus Ulpius Traianus(재위 98~117), 하드리아누스(재위 117~138), 피우스Antoninus Pius(재위 138~161), 아우렐리우스(재위 161~180)를 가리킨다. 아우렐리우스는 후기 스토아학파Stoicismo 철학자이기도 했으며 「명상록Colloqui con se stesso」을 저술했다. 이 청동상은 산 조반니 인 라테라노 대성당Basilica di San Giovanni in Laterano에 세워져 있던 것을 옮겨온 것이다. 로마 황제 기마상은 중세와 르네상스를 거치며 훼손되었는데, 이 기마상은 기독교를 공인한 콘스탄티누스 황제Constantinus I로 오인되어 지금까지 남을 수 있었다. 현재 광장에 서 있는 청동상은 복제품이며, 진품은 콘세르바토리 궁전에 있다.

캄피돌리오 언덕에는 이미 세나토리오 궁전과 콘세르바토리 궁전이 건축되어 있었다. 두 궁전은 직각이 아닌 비스듬한 각도로 지어져 있었는데, 미켈란젤로는 이것을 살려 맞은편 누오보 궁전Palazzo Nuovo을 콘세르바토리 궁전과 같은 기울기로 놓아 광장을 사다리꼴 모양으로 설계하였다. 아울러 미켈란젤로는 사다리꼴 광장을 강조하기 위해 12개 별을 상징하는 타원형 무늬 바닥을 깔고, 아우렐리우스 황제 기마상을 중앙에 배치하였다.
광장 가운데 있는 세나토리오 궁전은 고대 로마 공식 문서 보관소인 타불라리움Tabularium 터에 세워진 건물이며 현재 로마 시청사로 사용 중이다. 오른편 콘세르바토리 궁전과 왼편 누오보 궁전을 합쳐 카피톨리니 박물관Musei Capitolini이라 부르는데, 세계에서 가장 오래된 박물관이다. 1471년 교황 식스토 4세가 콘세르바토리 궁전에 로마 시대 청동 조각과 전리품을 기증하면서 설립되었고, 1654년 완공된 누오보 궁전 또한 교황 클레멘테 12세Clemente XII 때인 1734년 공식적으로 박물관이 되었다. 카피톨리니 박물관은 이때부터 일반에게 개방되었으며, 역대 교황과 추기경 수집품, 그리고 근래 발견된 작품도 보관하고 있다.

세나토리오 궁전 정면을 장식하고 있는 분수의 중앙 조각상은 로마 여신상으로 세계를 상징하는 구를 들고 있다. 오른편 조각상은 테베레강 신을, 왼편 조각상은 나일강 신을 의인화한 것이다.

♣ 주소 : Piazza del Campidoglio

바르베리니 궁전
Palazzo Barberini

피렌체 소수 귀족이던 바르베리니 가문에서 교황 우르바노 8세가 배출되자 다른 로마 명문가에 뒤지지 않으려고 지었다. 1627년 카를로 마데르노Carlo Maderno가 조카 프란체스코 보로미니와 작업에 착수했고, 마데르노가 세상을 떠난 후 베르니니와 보로미니가 1633년 완성하였다. 한때 팜필리Pamphili 가문에 넘어가기도 했으나 바르베리니 가문이 되찾았다. 바르베리니 궁전에는 국립 고대미술관Galleria Nazionale d'Arte Antica이 있다. 사실 궁전 자체보다 이 갤러리에 전시된 걸작을 보러 가는 경우가 많다. 라파엘로, 카라바조, 홀바인Hans Holbein il Giovane 등의 작품 목록은 다른 유명 미술관에 밀리지 않는다.

귀도 레니 [베아트리체 첸치의 초상Ritratto di Beatrice Cenci]이다. 이 작품은 제자 엘리자베타 시라니Elisabetta Sirani가 그렸다는 논란이 있는데, 바르베리니 측은 귀도 레니 작품으로 추정하고 있다.
1599년 베아트리체는 감금된 채 가해진 아버지의 신체적, 성적 학대를 견디다 못해 가족과 살인을 공모하고 실행한다. 재판은 제대로 된 진상조사 없이 이뤄졌고 자백받으려는 고문이 행해졌다. 그리고 교황 클레멘테 8세Clemente VIII가 사형 선고를 내려 산탄젤로 광장에서 집행되었다. 이미 사건 내막이 소문으로 퍼져있었고 가혹한 판결을 반대하며 형장에 모인 대중 앞에서 첸치 가족이 처형되었다. 군중 속에 카라바조도 있었는데 걸작 [홀로페르네스 목을 베는 유디트]를 그릴 때 영향을 주었다고 한다.
또한 이 작품은 '스탕달 신드롬Stendhal Syndrome'의 기원으로도 유명하다. 스탕달 신드롬은 예술 작품을 보고 신체나 감정적으로 이상 증세를 느끼는 것을 말한다. 프랑스 작가 스탕달이 피렌체 산타 크로체 성당에 걸려있던 이 그림을 보고 나오면서 '심장이 너무 뛰어 쓰러질 것 같았다'고 저서 「로마, 나폴리와 피렌체Rome, Naples et Florence, 1817」에 쓴 데서 유래되었다.

영국 궁정화가였던 한스 홀바인이 그린 [헨리 8세 초상Ritratto di Enrico VIII]이다. 독일 클레베Kleve 공주 앤Anne과의 4번째 결혼식(헨리 8세는 6번 결혼했다. 홀바인은 클레베로 파견되어 앤의 초상화도 그렸는데, 헨리 8세가 그 그림을 보고 결혼하기로 마음먹었다고 한다. 그러나 실제로 보자 실망하였다고 전해진다. 그리고 결혼 무효를 위한 절차에 들어간다)을 위한 그림에 홀바인은 왕이 원했던 권력자의 위엄을 충실히 반영했다. 홀바인은 이 작품 외에 헨리 8세 초상을 여러 번 그렸다. 헨리 8세는 폭군 이미지가 강한 편이나, 영국 국교회 수립에 따른 종교 개혁과 중앙 집권화, 해군 양성 등을 통해 대영 제국의 기틀을 마련했다는 평가를 받는다.

한스 홀바인은 관찰과 통찰을 통한 사실적 묘사로 첫손에 꼽히는 독일 르네상스 초상화가다. 이름이 같은 그의 아버지Hans Holbein der Ältere 또한 고딕에서 르네상스 전환기 독일 회화에서 중요한 화가다.

'빵집 딸'로 유명한, 라파엘로의 [라 포르나리나La Fornarina]다. 포르나리나는 "제빵사"란 뜻이다. 작품 속 주인공은 바람둥이 랭킹에 들만한 라파엘로가 가장 오래 관계를 맺었던 마르게리타 루티Margherita Luti로 추정된다. 그녀의 아버지는 트라스테베레에서 빵집을 운영했다. 라파엘로는 숱한 염문과 여성 편력 중에도 마르게리타와 관계를 유지했는데, 그 이유가 작품 속에 드러나 있다. 한 손은 가슴에, 다른 한 손은 아래에 놓인 모습은 '비너스'를 그린 작품에서 흔히 볼 수 있는 고전적 자세다. 그녀를 자신의 비너스로 그린 것이다. 또한 왼팔에는 라파엘로 이름이 새겨진 팔찌가 있다. 라파엘로가 마르게리타를 어떻게 생각했는지 알 수 있는 대목이다. 그러나 그는 끝내 마르게리타와 결혼하지 않았다.

카라바조의 [유디트와 홀로페르네스Giuditta e Oloferne]는 구약성서 외경 「유디트기」에 나오는 이야기를 그린 작품이다. 카라바조의 첫 번째 역사화이기도 하다. 「유디트기」에 의하면 아시리아Assyria가 베툴리아Bethulia를 침략하자 과부 유디트는 연회에 나가 아시리아 장군 홀로페르네스를 유인해 목을 자른다.

은행가인 오타비오 코스타Ottavio Costa 의뢰로 그린 것인데, 코스타는 그림에 매료되어 이 작품을 양도하지 않겠다고 유언장에 남길 정도였다. 작품 속에 빛과 어둠, 삶과 죽음, 젊음과 늙음이 공존하고 있어, 그의 특기인 대비가 전방위로 드러나 있다. 노파는 시종인 아브라Abra다. 보통 젊은 여종으로 그려지나 카라바조는 긴장 속에 두려운 표정을 짓고 있는 노인으로 그려 유디트의 의지를 강조하고 있다.

X-ray 판독 결과 유디트는 상반신을 드러내고 있었으며, 잘리는 목은 더 벌어지게 수정한 것이 밝혀졌다. 앞서 이야기한 첸치의 공개 처형이 영향을 미친 작품이다.

피에트로 다 코르토나Pietro da Cortona [섭리의 승리와 교황 우르바노 8세 치하의 목표 실현Il Trionfo della Divina Provvidenza e il compiersi dei suoi fini sotto il pontificato di Urbano VIII]이라는 천장 프레스코다. 코르토나 방Salone di Pietro da Cortona을 장식하고 있다. 바르베리니 가문을 찬양하려는 목적으로 제작되었으며, 가문 상징인 꿀벌과 함께 상당히 많은 인물을 그려 가문의 힘을 드러내고 있다. 가운데 신의 섭리를 중심으로 선과 악, 전쟁과 평화 등 상반된 주제가 묘사되어 있다. 적을 쓰러뜨리는 미네르바와 헤라클레스같이 신화 속 인물도 등장한다. 건축과 미술의 경계에서 계획된 환상적 공간 구성과 프레스코는 초기 바로크 장식화의 선례로 꼽힌다.

궁전 내 둥근 나선형 계단은 보로미니가, 사각형 계단은 베르니니가 만들었다.

궁전 뒤로 정원이 있다.

♣ 주소 : Via delle Quattro Fontane, 13

콜로세움
Colosseo

콜로세움은 네로 황제 죽음 이후 혼란스러웠던 로마를 정비하고 황제가 된 베스파시아누스Vespasianus가 72년 착공, 80년 아들인 티투스Titus 황제가 완성한 원형 경기장이다. 원래 명칭은 플라비우스 왕조가 세웠다 하여 '암피테아트룸 플라비움Amphitheatrum Flavium'이었다. 지금처럼 콜로세움이라 불리게 된 데는, 원형극장 옆에 거대한 네로 황제 동상이 있어 "거대한 동상"이란 뜻의 라틴어 콜로수스Colossus에서 유래했다는 설과 "거대한"이란 뜻을 지닌 이탈리아어 콜로살레Colossale에서 나왔다는 설이 있다. 콜로세움은 네로 황제 궁전의 인공호수 자리에 세워진 타원형 극장이다. 긴 지름 187m, 짧은 지름 155m, 둘레 527m, 높이 48m로 약 5만 명을 수용할 수 있는 대형 건축물이다.

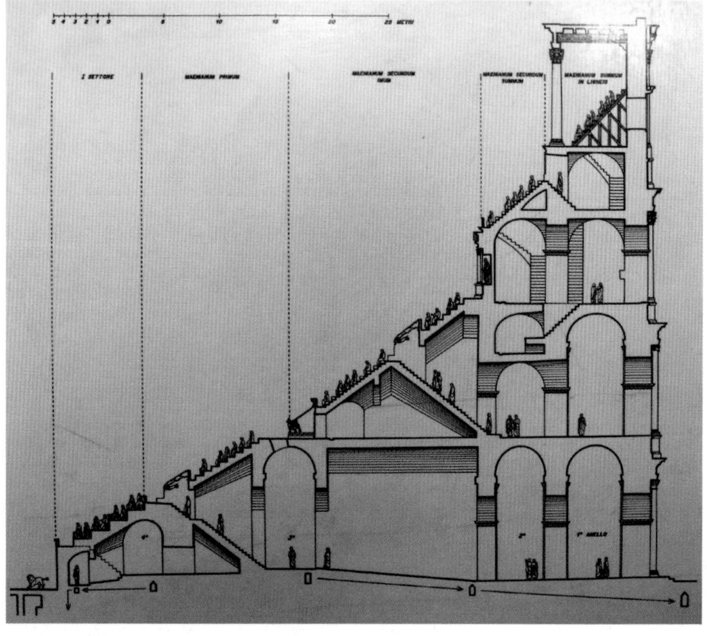

5 4 3 2 1 0 5 10 15 20 25 METRI
I SETTORE

콜로세움은 층별로 각기 다른 양식이 적용되었는데 1층은 남성적인 도리아식Doric order, 2층은 여성적인 이오니아식Ionic order, 3층은 코린트식Corinthian order, 4층은 코린트식을 적용한 벽기둥으로 건축되었다.
각 층은 신분 구별이 있었다. 1층은 황제와 원로원, 2층은 귀족과 무사, 3층은 일반 시민, 4층은 천민 계급과 노예가 앉았다.

콜로세움에서는 검투 경기, 나우마키아Naumachia라는 모의 해전, 맹수 사냥, 대중을 위한 공연이 벌어졌다. 티투스 황제 이후 재위한 도미티아누스 황제는 경기장 아래 검투사 대기실, 맹수 우리, 보관 창고와 같은 지하 시설을 만들었다.

103

여러 차례 지진을 겪으며 허물어진 콜로세움은 성당과 귀족 저택을 짓기 위한 건축 자재로 전락해 폐허가 되었다. 채석장처럼 버려진 콜로세움을 교황 베네딕토 14세가 기독교 순교지로 정하면서 복원이 이루어졌다.

콜로세움 옆에 세워져 있는 콘스탄티누스 황제 개선문은 현존하는 고대 로마 개선문 중 가장 크다. 높이 21m, 너비 25.7m, 두께 7.4m다. 콘스탄티누스는 기독교를 처음 공인한 로마 황제로, 이 개선문은 312년 막센티우스Massenzio와 싸워 이긴 '밀비우스 다리 전투Battaglia di Ponte Milvio'를 기념해 만든 것이다. 트라야누스, 하드리아누스, 아우렐리우스 시대 기념비와 건축물에서 장식을 떼어와 315년 완성하였다.

♣ 주소 : Piazza del Colosseo

팔라티노
Palatino

팔라티노는 로마가 시작된 곳이다. 로마 7개 언덕 중 가장 오래되었으며, 시조인 로물루스Romulus가 정착해 로마를 일으켰다고 알려진 장소다. 황제 아우구스투스가 이 언덕에 황궁(도무스 아우구스티나Domus Augustina)을 지었으며 부인 리비아의 집Casa di Livia도 이곳에 있었다. 도미티아누스 또한 저택(도무스 플라비아Domus Flavia)을 지었는데, 현재는 모두 흔적만 남아있다. 당시 황제가 살던 곳이라 권력층과 부유층이 거주하며 고급 주택가가 형성되기도 하였다. 팔라티노에서 궁전을 뜻하는 단어 팰리스Palace가 유래하였다.

팔라티노 경기장Stadio Palatino은 도무스 플라비아, 도무스 아우구스티나와 함께 도미티아누스 궁전Palazzo di Domiziano을 이루고 있다.

도무스 아우구스티나의 사각형 안뜰Il Cortile Quadrato이다. 도미티아누스 궁전은 정치 기능을 갖춘 유기적 복합 단지였으며, 공적 공간과 사적 공간이 분리되어 있었다.

1550년 추기경 알레산드로 파르네세Alessandro Farnese가 팔라티노 북쪽에 만든 파르네세 정원Orti Farnesiani sul Palatino이다. 유럽 최초 개인 식물원이었다. 사진은 복원 전 모습이다.

발굴 유물을 전시하는 박물관Museo Palatino이 있다.

고대 로마 경기장인 치르코 마시모에서 팔라티노 유적이 보인다. 치르코 마시모는 전차전戰車戰을 포함해 여러 스포츠가 진행되던 대형 경기장이었다. 지금도 때때로 이벤트가 열린다. 중앙에 있던 오벨리스크는 포폴로 광장으로 옮겨졌다.
왼쪽 부분은 도무스 아우구스티나고, 오른쪽은 황제 셉티미우스 세베루스Septimius Severus가 확장한 도무스 세베리아나Domus Severiana다.

♣ 주소 : Via di San Gregorio, 30

포로 로마노
Foro Romano

포로 로마노는 "로마 공회장"이란 뜻으로 고대 로마 시대 정치, 경제, 종교, 법률 등의 중심이었던 곳이다. 라틴어로는 포룸 로마눔Forum Romanum이라 하며 로마 최초 포룸이다. 포룸은 집회나 제전, 거래 장소 등 역할을 했던 복합 공공장소였다.

로마 세력이 강해져 인구가 많아지자 기존 시설로는 감당이 힘들어 황제들은 포로 로마노 주변에 새로운 포룸을 건설하기 시작했다. 황제가 만든 포룸을 합쳐 포리 임페리알리Fori Imperiali("황제들의 공회장"이란 뜻)라 하는데, 원래는 포로 로마노와 연결되어 있었으나 무솔리니가 베네치아 광장에서 콜로세움까지 잇는 직선 도로를 만들면서 단절되었다.

비너스와 로마 신전Tempio di Venere e Roma은 고대 로마 시대 기록에 남아 있는 신전 중 가장 크며, 미의 여신 비너스와 영원한 로마를 위해 세웠다. 135년 하드리아누스 황제가 짓기 시작해 140년 피우스 황제 때 완성되었다.

티투스 황제 개선문Arco di Tito은 81년 도미티아누스 황제가 아버지 베스파시아누스 황제와 형 티투스 황제의 예루살렘 전투Prima guerra giudaica 승리를 기념해 세운 개선문이다. 로마에 현존하는 개선문 가운데 가장 오래되었다.

개선문 안쪽에는 전쟁 장면과 마차를 타고 개선하는 티투스 황제의 부조가 있다. 나폴레옹Napoléon은 이 개선문을 보고 반해 파리Paris 샹젤리제Champs-Élysées 거리의 개선문Arc de Triomphe de l'Étoile을 만들었다.

막센티우스 바실리카Basilica di Massenzio는 바실리카 노바Basilica Nova, 바실리카 콘스탄티니Basilica Constantini로도 알려져 있다. 막센티우스가 건축하기 시작했으나, '밀비우스 다리 전투'에서 막센티우스를 물리친 콘스탄티누스 황제에 의해 완성되었다.
바실리카란 고대 로마 시대 상업 목적보다 공공 목적으로 사용된 건물을 지칭한다. 바실리카 양식은 교회 건축에 엄청난 영향을 주었으며, 이후 '바실리카'는 기독교 역사에서 중요한 위치의 대성당을 지칭하는 공식 명칭으로 굳어졌다.

안토니누스와 파우스티나 신전Tempio di Antonino e Faustina은 141년 안토니누스 피우스 황제가 죽은 아내를 기리려고 세운 신전이다. 161년 황제도 이곳에 묻혔다. 후에 교회로 사용되었기 때문에 다른 유적처럼 건축 재료로 사용되지 않아 지금 모습을 보존할 수 있었다.

불의 여신 베스타의 신전Tempio di Vesta은 불을 숭배하던 곳이다. 베스탈Vestale이라고 불리는 처녀들이 불을 지켰으며, 꺼뜨리면 가혹한 벌을 받고 쫓겨났다. 로마에서 유일하게 여성 신권을 가지고 제사 의식을 수행한 베스탈은 6세~10세의 귀족 가문 딸 중 선출되었는데, 30년 동안 순결하게 불을 지켜야 자유로운 몸이 될 수 있었다. 베스탈이 순결을 지키지 못했을 때 평범한 인간은 베스탈을 죽일 수 없다 하여 생매장 형벌이 가해졌다.

베스탈의 집Casa delle Vestali은 베스탈이 거주하던 곳이다. 중앙 정원이 있는 사각형 3층 건물이었다. 베스탈은 재산을 가질 수 있었고, 법정에서 선서 없이 증언할 수 있는 등 특권을 누렸다.

안토니누스와 파우스티나 바실리카와 원로원 사이에 유적 일부만 남아 있는 곳은 바실리카 에밀리아Basilica Emilia다. 바실리카 에밀리아는 포로 로마노에서 상거래가 이뤄지던 공간으로 기원전 179년 건설되었으며, 유일한 로마 공화정 시대 건물이다. 처음에는 바실리카 풀비아Basilica Fulvia라 했다가 에밀리아 씨족이 관리하면서 명칭이 바뀌었다.

쿠리아 율리아Curia Julia는 로마 공화정 시대 입법 및 자문기관 역할을 했던 원로원 회의장으로, BC 44년 율리우스 카이사르가 짓기 시작해 BC 29년 옥타비아누스 황제가 완성하였다. 화재로 손상된 원로원 건물을 283년 디오클레티아누스 황제가 옛 모습과 거의 흡사하게 재건하였다.
630년 교황 호노리오 1세Onorio I가 교회로 전환해 지금까지 원형을 보존할 수 있었다. 이 건물 청동 문은 복제품이며, 원래 있던 문은 1660년 산 조반니 인 라테라노 대성당에 옮겨 달았다.

셉티미우스 세베루스 황제 개선문Arco di Settimio Severo은 셉티미우스 황제 통치 10주년을 기념해 203년 원로원과 시민이 세웠다. 셉티미우스 황제와 그의 아들인 카라칼라Caracalla, 게타Geta가 전쟁에서 승리한 내용이 조각되어 있다.
셉티미우스 사후, 카라칼라는 황제가 되기 위해 게타를 죽이고 개선문에 있는 게타 이름을 지워 버렸다.

농경신 사투르누스 신전Tempio di Saturno은 기원전 497년 세웠다. 신전 위에 쓰여 있는 라틴어 SENATUS POPOLVS QVE ROMANVS는 "로마 원로원과 민중", 즉 "로마 시민"이란 뜻이며 로마 자체를 의미하기도 한다. 각 단어 앞 글자를 딴 S.P.Q.R.은 공공건물이나 공공 분수, 맨홀 뚜껑 등에서 심심찮게 볼 수 있다.

카스토르와 폴룩스 신전Tempio dei Dioscuri은 유피테르의 쌍둥이 아들 카스토르와 폴룩스를 기리려고 지은 것으로 BC 484년 세웠다. 이들이 전쟁 중 열세에 몰린 로마군을 도와 승리하게 했다는 전설이 있다. 신전에 있던 조각상은 캄피돌리오 광장으로 올라가는 계단 위쪽에 옮겨 놓았다.

카이사르 신전Tempio del Divo Giulio은 고대 로마 정치가 율리우스 카이사르 화장터에 세운 신전이다. 카이사르는 영어명 줄리우스 시저Gaius Julius Caesar로 잘 알려져 있으며, "주사위는 던져졌다Alea iacta est", "왔노라, 보았노라, 이겼노라Veni, vidi, vici" 등의 유명한 말을 남겼다.
카이사르는 로마 재건과 공화정 개혁에 나섰다가 이를 반대하는 자들에게 암살되었다. 그를 기리려고 지은 신전은 현재 잔해만 남아있다.

♣ 주소 : Largo della Salara Vecchia 5/6

진실의 입 & 산타 마리아 인 코스메딘 성당
Basilica di Santa Maria in Cosmedin

영화 <로마의 휴일>에서 오드리 헵번과 그레고리 펙Gregory Peck이 장난치는 장면에 나와 유명해진 '진실의 입Bocca della Verita'은 산타 마리아 인 코스메딘 성당 입구 한쪽 벽면을 장식하고 있다. 찌푸린 강의 신 얼굴이 조각된 '진실의 입'은 고대 로마 시대 가축 시장 하수구 뚜껑으로 추정되고 있으며, 중세 시대 심문 도구로도 사용되었다. '진실의 입'이라는 이름은 심문받는 사람이 진실을 이야기하지 않으면 입에 넣은 손이 잘려도 좋다고' 서약한 데서 유래하였다. 하지만 이는 심문자 의지에 따라 정치적으로 악용되기도 하였다.

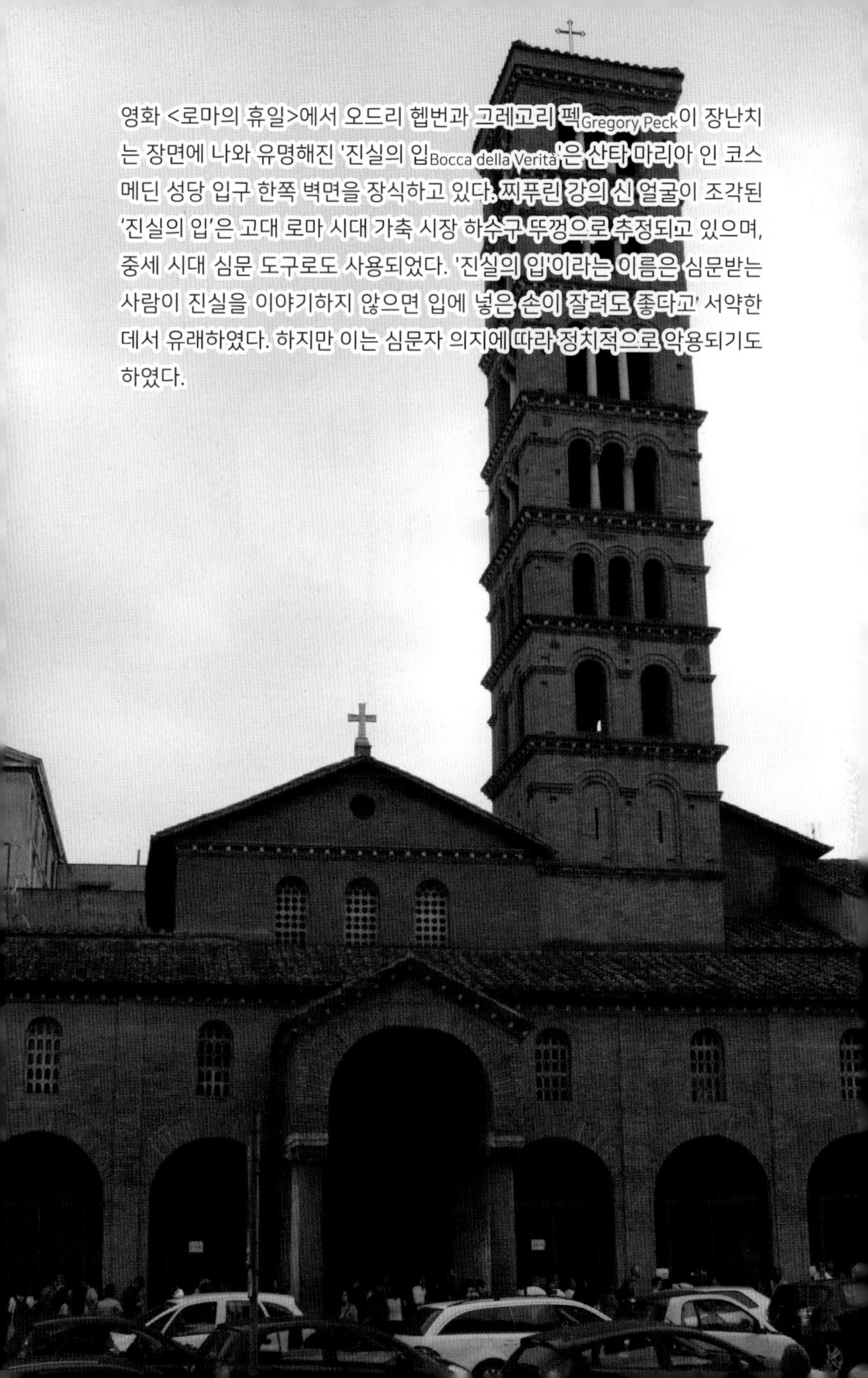

산타 마리아 인 코스메딘 성당은 8세기 포로 보아리오Foro Boario(보아리오는 "소"를 뜻하는 이탈리아어로 가축 시장을 의미)에 있던 헤라클레스 폼페이아누스 신전Templum Herculis Pompeiani과 고대 로마 시대 곡물 배급소 중 하나였던 스타티오 아노내Statio Annonae 위에 세운 것으로 성당 지하에 고대 건축물 일부가 남아 있다.

성가대와 제단 부분은 중세 시대 모습이 남아 있어 건축학적 가치가 있다. 이 성당에 성 발렌티노San Valentino 두개골이 보관되어 있으며, 그의 축일인 2월 14일에서 발렌타인 데이Valentine's Day가 유래했다고 알려져 있다. 그런데 2월 14일을 축일로 하는 발렌타인이라는 이름의 순교자는 두 명이다. 269년경 황제 클라우디우스 2세Claudio II 때 플라미니아 가도에서 순교해 그 길에 묻혔다는 발렌타인과, 이탈리아 중부 도시 테르니Terni 주교로 로마에 끌려와 순교한 발렌타인이 그들이다. 이 외에도 가톨릭 백과사전에 등재된 발렌타인이 더 있어 발렌타인 데이 유래자가 누구인지 확실하지 않다. 하지만 클라우디우스 2세가 군기 문란을 이유로 병사의 결혼을 금지하였음에도 이를 어기고 결혼을 집전하다 2월 14일 순교해 플라미니아 가도에 묻혔다는 발렌타인을 유래자로 보는 것이 일반적이다. (두 사람 모두 플라미니아 가도에 묻혔기 때문에 이력을 혼용해 이야기하는 경우가 있다) 한편 가톨릭에서는 발렌타인과 발렌타인 데이가 직접 연관이 없다고 하며 이교도 축제에서 기원한 것으로 보고 있다.

♣ 주소 : Piazza della Bocca della Verità, 18

산타 마리아 마조레 대성당
Basilica di Santa Maria Maggiore

산타 마리아 마조레 대성당은 테르미니역에서 멀지 않은 곳에 있으며 로마 4대 성당 중 하나다. 로마 4대 성당은 산 피에트로 대성당, 산타 마리아 마조레 대성당, 산 조반니 인 라테라노 대성당, 산 파올로 푸오리 레 무라 대성당이다. 로마를 찾는 우리나라 관광객 대부분은 산 피에트로 대성당과 산타 마리아 마조레 대성당까지만 방문하고 나머지 두 곳은 주요 관광지와 조금 떨어져 있어 등한시하는 경우가 많다. 그러나 일정이 허락된다면 나머지 두 곳도 가 보기를 추천한다.

산타 마리아 마조레 대성당은 성모 마리아를 기념하는 성당 가운데 세계에서 가장 큰 성당이다(성당 이름의 Maggiore=Major가 이를 나타낸다). 4세기 무렵 교황 리베리오Liberio와 귀족 파트리치오 조반니Patrizio Giovanni 부부 꿈에 성모 마리아가 나타나 눈 내리는 곳에 성당을 지으라고 해 건축되었다고 한다. 한여름인 8월 5일 에스퀼리노 언덕에 계시대로 눈이 내리자 성당을 짓기 시작, 그 후 여러 차례 공사를 거쳐 1743년 지금 모습을 갖추었다. 현재의 성당은 교황 식스토 3세Sisto III 때 건물이다.

우뚝 솟은 종탑 높이는 75m다. 성당에 들어서면 금빛 천장이 먼저 눈에 들어오는데, 콜럼버스Christopher Columbus가 아메리카 대륙을 발견하고 처음 가져온 금이 사용되었다. 천장 격자무늬 장식은 줄리아노 다 상갈로Giuliano da Sangallo가 맡았다. 매년 8월 5일 성당 건축 시초가 되었던 계시를 기념하기 위해 눈을 의미하는 하얀 꽃을 뿌린다.

성당 내부에 이오니아 양식으로 된 36개 기둥이 서 있다. 이 기둥을 만드는 데 쓰인 대리석은 모두 그리스에서 가져왔다. 기둥 위쪽 사각형 프레임 그림은 대리석 모자이크이며 구약성서 이야기를 묘사하고 있다.

산타 마리아 마조레 대성당에는 예수가 태어날 때 누웠다는 말구유 조각이 주세페 발라디에르가 제작한 성물함에 담겨 중앙 제단 아래 보관되어 있다.

성당 오른쪽에 교황 식스토 5세 이름을 딴 시스티나 예배당Cappella Sistina이 있다. 도메니코 폰타나가 교황 뜻에 따라 만들었다. 치보리오Ciborio를 들고 있는 천사는 16세기 후반 로마를 대표하는 청동 조각가 중 한 명인 세바스티아노 토레지아니Sebastiano Torregiani 작품이다.

보르게제 가문 출신 교황 바오로 5세 명으로 건축가 플라미니오 폰지오가 1606년~1612년 만든 보르게제 예배당Cappella Borghese(파올리나 예배당 Cappella Paolina, 바오로 예배당)이다.

무릎 꿇고 기도하는 석상은 베드로 다음으로 교황직에 오래 재위한 비오 9세Pio IX다. 그는 1854년 '성모 마리아의 원죄 없는 잉태' 교리를 선포하였다. 조각가 이냐치오 야코메티Ignazio Jacometti 작품이다.

또한 산타 마리아 마조레 대성당에는 잔 로렌초 베르니니 무덤이 있는데, 살아생전 화려한 조각과 건축으로 로마를 장식했던 예술가의 무덤치고는 너무 검소한 느낌이 든다. 눈여겨 찾아보지 않으면 지나칠 수 있다. 중앙 제단 오른쪽 면에 있다.

성당을 방문하면 보통 그 뒤편은 잘 안 보게 되는데, 산타 마리아 마조레 대성당에 가면 뒤로도 돌아가 보기를 권한다. 같은 건물임에도 앞모습과 뒷모습이 상당히 다르기 때문이다. 성당 앞과 뒤를 따로 보면 다른 건물로 오인할 수 있을 정도다.

오벨리스크는 아우구스투스 영묘에 있던 두 개 중 하나다. 식스토 5세가 1587년 이곳으로 옮겼다(다른 하나는 퀴리날레 궁전 광장에 있다).

♣ 주소 : Piazza di S. Maria Maggiore, 42

산타 마리아 델라 비토리아 성당
Chiesa di Santa Maria della Vittoria

산타 마리아 델라 비토리아 성당은 여느 성당보다 작고 평범하지만, 로마를 이야기할 때 빼놓을 수 없는 베르니니 걸작 [성녀 테레사의 환희Estasi di Santa Teresa d'Avila]가 있다. 성당 문을 열고 들어가면 생각보다 아담한 크기와 화려한 내부 장식에 흡사 보석 상자 안으로 걸어 들어 온 기분이 든다. 17세기 카를로 마데르노가 디자인하고 건축했지만, 성당 정면은 지오바니 바티스타 소리아Giovanni Battista Soria가 완성하였다. 가톨릭과 개신교가 독일에서 벌였던 '30년 전쟁' 중 1620년 화이트산 승리를 기념하고자 성모 마리아에게 봉헌하였다. 그래서 주 제단 위쪽에 [화이트산 전투]가 그려져 있다.

베르니니는 로마를 무대로 활동하며 바로크 미술과 건축에 상당한 업적을 남긴 인물이다. 산 피에트로 대성당 발다키노Baldacchino와 성 베드로 옥좌, 교황 알레산드로 7세Alessandro VII 기념비, 산 피에트로 광장, 나보나 광장 등 여러 건축과 걸작을 만들었다.
[성녀 테레사의 환희]는 스페인 아빌라 출신 성녀 테레사가 꿈에서 천사가 쏜 금화살이 가슴에 꽂혔을 때 느꼈던 고통과 영적 희열을 기술한 자서전 내용을 조각한 것이다. 영적 희열을 느끼는 성녀 테레사의 표정이 관능적이라는 비판을 받기도 하였다.

발코니에서 [성녀 테레사의 환희]를 감상하는 듯한 양쪽 부조와 창문으로 들어오는 빛은 이 조각상을 연극 무대 한 장면처럼 보이게 한다.

[성녀 테레사의 환희] 맞은편 조각상은 도메니코 기디Domenico Guidi가 만든 [성 요셉의 꿈Sogno di San Giuseppe]이다. 마리아 약혼자 요셉의 꿈에 천사가 나타나 '성령으로 잉태한 마리아가 백성을 죄에서 구원할 예수를 낳을 것이니 파혼하지 말고 아내로 맞아들이라' 한 성서 내용을 담고 있다.

옆면 2개 부조는 피에르 에티엔 모노Pierre Ethienne Monnot가 조각한 [주님의 탄생Adorazione dei pastori]과 [이집트로의 탈출Fuga in Egitto]이다.

중앙 제단 위 프레스코는 화이트산 전투 후 상황을 묘사한 것으로 루이지 세라Luigi Serra가 그렸다.
천장 프레스코(오른쪽 페이지)는 조반니 도메니코 체리니Giovanni Domenico Cerrini의 [이단에 승리하는 성모 마리아Trionfo della Vergine]다.

♣ 주소 : Via 20 Settembre, 17

산 피에트로 인 빈콜리 성당
Basilica di San Pietro in Vincoli

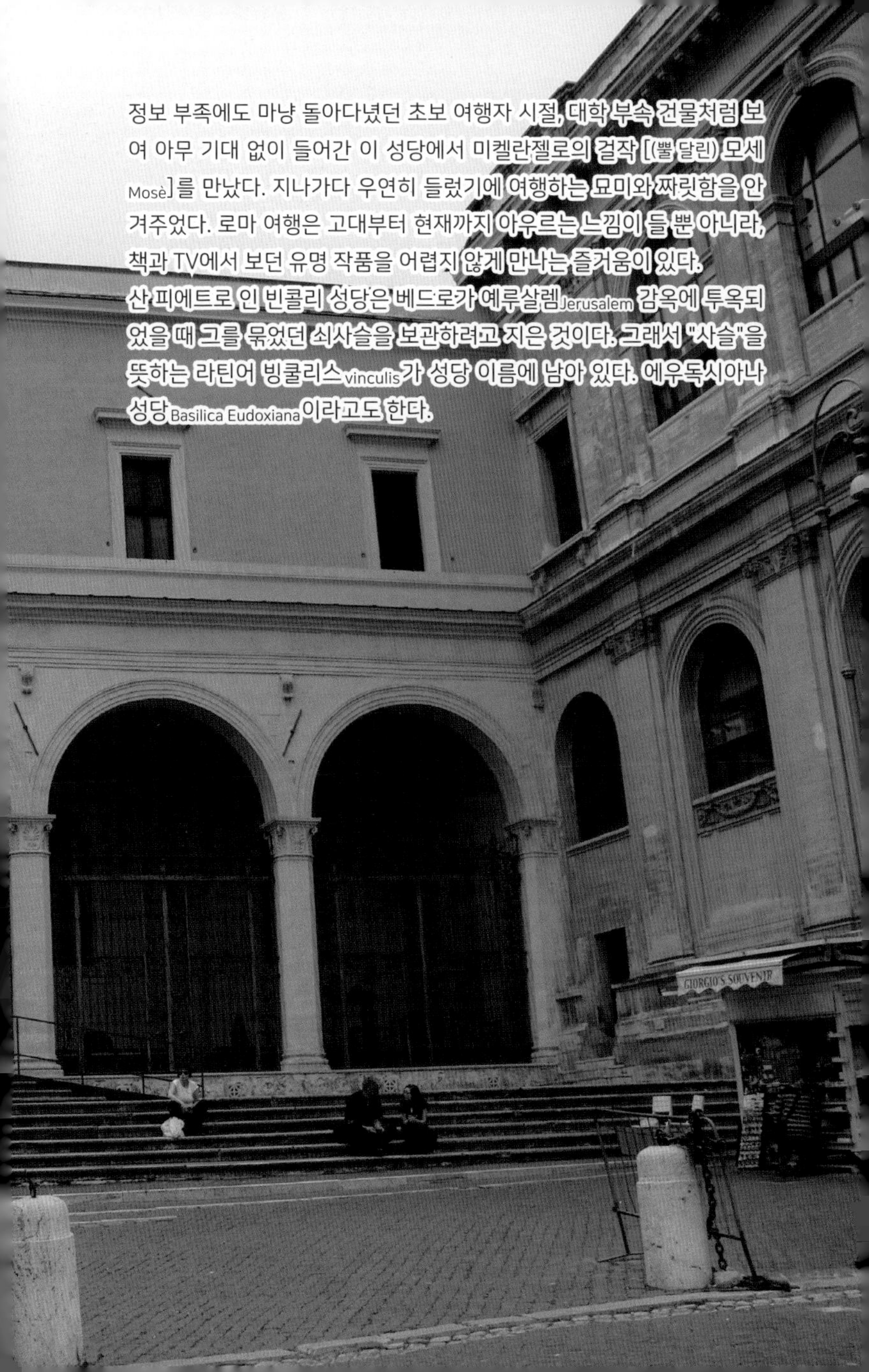

정보 부족에도 마냥 돌아다녔던 초보 여행자 시절, 대학 부속 건물처럼 보여 아무 기대 없이 들어간 이 성당에서 미켈란젤로의 걸작 [(뿔 달린) 모세 Mosè]를 만났다. 지나가다 우연히 들렀기에 여행하는 묘미와 짜릿함을 안겨주었다. 로마 여행은 고대부터 현재까지 아우르는 느낌이 들 뿐 아니라, 책과 TV에서 보던 유명 작품을 어렵지 않게 만나는 즐거움이 있다.

산 피에트로 인 빈콜리 성당은 베드로가 예루살렘Jerusalem 감옥에 투옥되었을 때 그를 묶었던 쇠사슬을 보관하려고 지은 것이다. 그래서 "사슬"을 뜻하는 라틴어 빙쿨리스vinculis가 성당 이름에 남아 있다. 에우독시아나 성당Basilica Eudoxiana이라고도 한다.

CLEMENTE XI PONTIFICE MAXIMO
MARCELLVS CARD. DVRANTIVS S. PETRI AD VINCVLA TIT. RELIGIOSA MAGNANIMITATE
SPLENDIDAQVE COLORVM ELEGANTIA ELABORATVM LAQVEARE DECORAVIT.
AC MVNIFICENTISSIMVS PRINCEPS IOAN. BAPT. PAMPHILIVS VT EXIMIAM PIETATEM
ERGA APOSTOLORVM PRINCIPEM VRBI PATEFACERET NOVA CONTIGNATIONE
AVGVSTAM EVDOXIANAM BASILICAM EXORNAVIT. MDCCVI
REN. A.D. MCMXVII
REST. A.D. MCMXCII

에우독시아나Licinia Eudossia는 발렌티니아누스 3세Valentiniano III의 황후로, 예루살렘 쇠사슬을 교황 레오 1세Leone I에게 기증하였다. 레오 1세는 에우독시아나에게 받은 쇠사슬과 베드로 손목·발목에 채웠던 마메르티노 감옥Carcere Mamertino(고대 로마 시대 포룸에 있던 감옥으로 툴리아눔Tullianum이라고 한다. 대중에게 알려진 정치범이나 전쟁 포로를 가두었다. 베드로와 바오로가 투옥되기도 했다) 쇠사슬을 나란히 두었는데, 두 개 사슬이 하나처럼 연결되어 떨어지지 않았다고 한다.

미켈란젤로 3대 걸작 중 하나인 [(뿔 달린) 모세]는 교황 율리우스 2세Giulio II가 자신의 무덤을 미켈란젤로에게 의뢰하면서 제작된 것이다. 미켈란젤로가 처음 구상한 원안은 모세상만 한 크기 조각상 44개와 부조 28개가 있는 3단 무덤이었으나 교황과 관계가 소원해지면서 작업이 중단되었다. 율리우스 2세가 서거한 후 지금 형태로 축소 완성되었는데, 정작 그는 이곳이 아닌 산 피에트로 대성당에 묻혔다.
[모세상]은 시내산에서 모세가 하나님으로부터 십계명이 새겨진 돌판을 받은 모습을 조각한 것이다. 모세 머리 뿔은「출애굽기」34장 29절 '모세는 산에서 내려오면서 여호와께서 그에게 말씀하셨음으로 인해 자기 얼굴에 광채가 나는 것을 모르고 있었다' 중 "광채"를 철자가 비슷한 라틴어 "뿔"로 오역하여 달린 것이다. 모세 왼쪽 여인상 라헬은 기도하는 삶을, 오른쪽 여인상 레아는 실천하는 삶을 의인화한 것이다.

♣ 주소 : Piazza di San Pietro in Vincoli, 4/a

산 피에트로 대성당
Basilica Papale di San Pietro

산 피에트로 대성당은 바티칸 시국에 있다. 바티칸 시국은 이탈리아 로마 안에 있는 도시 국가로, 교황이 수장이며 세계 가톨릭의 총본산이다. 1929년 무솔리니와 체결한 라테라노 조약에 의해 주권을 인정받아 국가로 독립하였다. 이탈리아 입국이 가능한 사람은 별다른 절차 없이 바티칸 시국에 방문해 산 피에트로 광장과 산 피에트로 대성당, 그리고 바티칸 박물관에 입장할 수 있다.

산 피에트로 대성당에 들어가기 위해서는 복장에 유의해야 한다. 복장이 불량할 경우 입장이 제한되기 때문이다. 반바지나 짧은 치마, 민소매 차림으로는 들어갈 수 없으며, 슬리퍼나 끈이 없는 샌들도 유의해야 한다.

산 피에트로 대성당은 콘스탄티누스 황제가 베드로 묘지 위에 기초를 세웠다. 현재 모습은 16세기 교황 율리우스 2세 명으로 기존 성당을 허물고 새롭게 건축한 것이다. 브라만테, 라파엘로, 미켈란젤로, 베르니니 등 여러 건축가와 예술가가 120년 동안 지었다.

바티칸 박물관을 관람한 후 산 피에트로 대성당에 갈 때, 박물관에서 체력을 소모하면 대성당에서 놓치는 것이 생길 수 있으니 체력 분배도 신경 쓰는 것이 좋다.

산 피에트로 대성당에서 꼭 봐야 할 것은, 성당 입구 맨 오른쪽 [성스러운 문 Porta Santa]과 미켈란젤로의 [피에타 Pietà], 제단 위 거대한 청동 발다키노, 미켈란젤로가 설계한 큐폴라 cupola(돔 dome), 발이 반들반들하게 닳은 베드로 청동상, 일명 '성령의 비둘기'가 그려진 중앙 제단 뒤 창문과 그 아래 베드로가 앉았던 교황 의자, 베르니니 마지막 작품 [교황 알레산드로 7세 기념비], 그리고 산 피에트로 광장이다.

죽음의 문

선과 악의 문

중앙 문

성당 입구에는 5개 청동 문이 있다. 맨 왼쪽 문은 [죽음의 문Porta della Morte]으로 성당에 장례 미사가 있을 때 사용되는 문이며, 교황 요한 23세Giovanni XXIII가 조각가 자코모 만추Giacomo Manzu에게 의뢰해 만들었다. 맨 왼쪽에서 두 번째 문은 [선과 악의 문Porta del Bene e del Male]으로 중간 아래 오른쪽 부조는 선함을, 왼쪽은 악함을 상징한다. 가운데 있는 [중앙 문Grande Portale Centrale]은 성당 초기부터 있던 문으로 위쪽에 예수와 성모 마리아, 아래쪽에는 베드로와 바울 모습이 있다.

성사의 문

성스러운 문

맨 오른쪽에서 두 번째 [성사의 문Porta dei Sacramenti]은 맨 오른쪽에 있는 [성스러운 문Porta Santa]과 같은 해에 만들어졌으며 성년聖年, Heiliges Jahr (또는 희년禧年, (year of) jubilee, jubilaeum)을 기념해 제작되었다.

16개 성경 속 이야기가 담긴 [성스러운 문]은 25년 주기 정기 성년과 교황이 선포하는 특별 성년에만 1년간 열리고 그 외 기간에는 굳게 닫혀있으며 오직 교황만이 여닫을 수 있다.

성년은 구약성서 「레위기」에 기록된, 50년마다 노예에게 자유를 주고 채무자 빚을 탕감해 주는 등 은혜와 자비를 베풀도록 했던 것에서 유래했다. 교황 보니파시오 8세Bonifacio VIII가 1300년 교회 최초로 100년마다 성년을 갖도록 선포했으나, 교황 클레멘테 6세Clemente VI가 50년 주기로 변경하였고, 그 후 교황 바오로 2세Paolo II가 25년 주기로 단축하였다.

정기 성년 외 교황이 특별 성년을 선포하기도 한다. 교황 요한 바오로 2세 Giovanni Paolo II는 2000년을 맞아 '대희년'을 선포한 바 있다.

미켈란젤로 최대 걸작 중 하나인 [피에타]는 성당 입구 맨 오른쪽 벽면에 자리하고 있다. [피에타]는 십자가에 못 박혀 죽은 예수 그리스도에 대한 성모 마리아의 슬픔을 표현한 그림이나 조각상을 말한다. 20대 중반 미켈란젤로는 이 작품을 만든 후, 사람들이 자기 작품임을 알지 못하자 밤에 몰래 들어와 성모 마리아 어깨띠에 이름을 새겨 넣었다. 그러나 신앙심 깊었던 미켈란젤로는 부끄러움을 느끼고 이후 작품에 이름을 새기지 않았다. [피에타]가 미켈란젤로 서명이 남아있는 유일한 작품이다.

[피에타]는 방탄유리로 둘러싸여 있다. 1972년 5월 21일 충격적 사건이 발생하는데, 정신질환을 앓고 있던 라슬로 토스Laszlo Toth라는 지질학자가 "나는 예수 그리스도다"라고 외치며 망치로 작품을 내려친 것이다. 떨어진 파편은 당시 관람객들이 가져가는 바람에 일부만 회수되었고, 마리아 팔과 코 등 여러 부분이 사라졌다. 사건 보도가 나가자 사라졌던 조각 중 상당 부분이 돌아왔고, 이후 복원을 거쳐 현재 유리벽으로 보호되고 있다.

[피에타]는 하나님 시선에서 만든 작품이다. 인간 시선인 정면에서도 충분히 위대함과 경건함을 느낄 수 있지만, 위에서 내려다보면 미켈란젤로의 재능과 천재성에 한 번 더 놀라게 된다. 정면에서는 전혀 상상할 수 없는 예수 모습이 형언할 수 없는 경이로 드러난다. 인간 구원 사명을 마치고 평온한 얼굴로 어머니 마리아 무릎에 누운 예수 모습은, 실제 사람이 누워 있다는 착각이 들 정도다. 표정은 물론 근육과 핏줄 등이 너무나 섬세하게 조각되어 있다. 위에서 찍은 사진은 성당 내 기념품점이나 서점에서 살 수 있다.

[피에타]를 포함해 피에트로 인 빈콜리 성당 [모세]와 피렌체 아카데미아 미술관 [다비드]를 보통 미켈란젤로 3대 걸작이라 일컫는다.

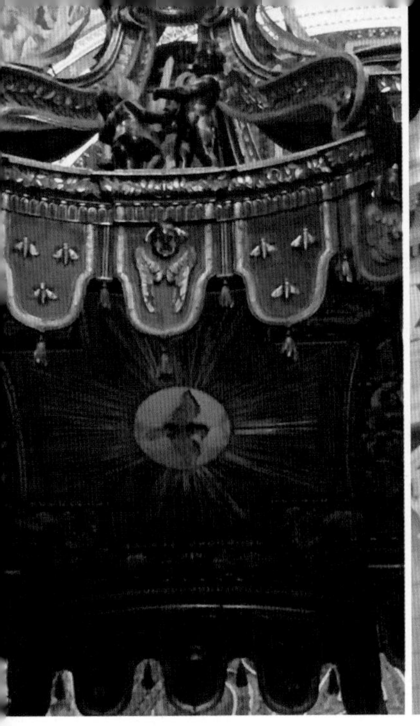

성당에 들어서면 6만 명을 수용할 수 있는 웅장함에 감탄하게 되는데, 그 느낌에 힘을 실어 주는 것이 29m 높이 발다키노다. 발다키노는 제단 주변 4개 기둥 위에 올린 장식적 덮개를 말한다. 발다키노 아래에 미사를 집전하는 제단이 있으며, 이곳에서는 교황만이 미사를 주관할 수 있다.

청동으로 만든 발다키노는 바르베리니 가문 출신 교황 우르바노 8세가 베르니니에게 명해 제작되었다. 발다키노에 새겨진 꿀벌은 바르베리니 가문 문장이며, 발다키노를 받치고 있는 4개의 나선형 기둥은 하늘로 올라가는 영혼을 나타낸다. 발다키노 제작에 쓰인 청동은 판테온에 붙어있던 청동판을 떼어온 것이라 알려지기도 했으나, 베네치아에서 가져온 것이라고 한다. 발다키노를 중심으로 네 면 벽 모서리에 4명의 성인 조각상이 있다.

손에 창을 들고 서 있는 조각상은 예수가 십자가에 못 박혔을 때 예수의 옆구리를 창으로 찔렀던 로마 병사 론지노Longinus다. 또는 십자가 형장에서 예수를 하나님 아들이라 고백했다는 백부장(구약성서의 재판관, 또는 로마 군대 조직에서 군사 100명을 거느린 지휘관. 신약성서에는 5명의 백부장이 나온다)으로 보기도 한다. 론지노는 후에 기독교로 개종하여 전도 활동하다 순교하였고 성인으로 추대되었다. 흔히 '롱기누스의 창Lancia di Longino'이라 불리는, 예수를 찌른 '성스러운 창Lancia sacra'은 성배Sacro Graal 다음으로 중요하게 여겨지고 있으며 여러 예술 작품에서 절대적 힘을 가진 무기로 묘사되기도 하였다.

십자가를 들고 있는 조각상은 성녀 헬레나Helena로 콘스탄티누스 황제의 어머니다. 그녀는 예수가 못 박혔던 십자가를 예루살렘에서 찾아 로마로 가져왔다.

천을 들고 있는 조각상은 성녀 베로니카Veronica다. 예수가 십자가 형장인 골고다 언덕Golgotha(갈보리Calvary)을 오를 때 예수 얼굴을 닦아주었다.
X자형 십자가를 들고 있는 조각상은 X자형 십자가에서 순교한 성 안드레아Andrea다. 예수의 열두 제자 중 한 명이었으며 베드로 동생이다.

REGNI CAELORVM TV ES PETRVS

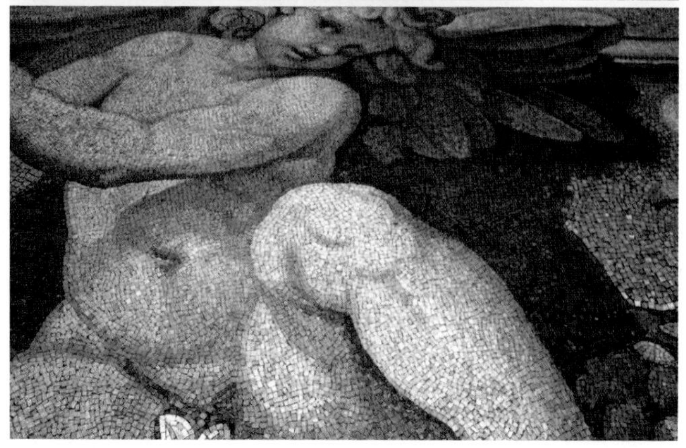

산 피에트로 대성당 큐폴라는 미켈란젤로가 설계했는데, 완성하지 못하고 죽자 교황 식스토 5세가 자코모 델라 포르타를 시켜 완성하였다. 큐폴라 그림은 손으로 그린 것이 아니라 모자이크다. 세월이 흘러도 변하지 않게 하려는 의도에서다. 그림으로 보일 만큼 섬세하고 정교하다.

큐폴라 둘레 금빛 테두리에 적힌 라틴어 TV ES PETRVS ET SVPER HANC PETRAM AEDIFICABO ECCLESIAM MEAN. TIBI DABO CLAVES REGNI CAELORVM은 "너는 베드로다. 내가 이 반석 위에 교회를 세울 것이니, 내가 네게 하늘나라 열쇠를 줄 것이다"란 마태복음 16장 18절~19절을 옮긴 것이다. 앞서 말했듯 베드로를 나타내는 조각이나 그림에 항상 열쇠가 들려있는 이유가 이 때문이다.

성 마태

성 마가

성 누가

성 요한

큐폴라 글귀 밑 원형 테두리 안에 그려진 성인 4명은 「마태복음」을 쓴 마태와 「마가복음」을 쓴 마가Marco, 그리고 「누가복음」을 쓴 누가Luca, 「요한복음」을 쓴 요한Giovanni이다. 이들을 뜻하는 상징물이 그림 안에 같이 그려져 있다. 천사는 마태, 사자는 마가, 황소는 누가, 독수리는 요한을 상징한다.

베드로 청동상은 1300년 아르놀포 디 캄비오Arnolfo di Cambio가 만들었다. 오른발이 유난히 반들반들하게 닳아있는데, 이것은 성당을 찾아온 순례자와 방문객이 청동상 오른발에 입 맞추거나 손을 대고 기도하기 때문이다.

성당 제일 안쪽 청동 의자와 비둘기가 새겨진 창, 주변 장식은 베르니니 작품이다. 청동 의자는 베드로가 앉았던 나무 의자에 청동을 덧입힌 것이다.

성령을 상징하는 비둘기 창은 유리처럼 보이지만, 천연 대리석을 얇게 깎아 만든 것이다. 은은하게 투과된 빛으로 인해 '성령의 비둘기'가 금방이라도 날아올 것 같은 느낌이 든다. 창을 3개 원으로 나눈 것은 성부, 성자, 성령의 삼위일체를 뜻하며, 12개 방사형 직선과 면은 열두 제자를 의미한다.

이 작품은 교황 알레산드로 7세가 베르니니에게 부탁해 만든 기념상으로, 베르니니 마지막 작품이다. 대리석으로 정교하게 조각된 천은 교황 시신을 덮을 천을 형상화한 것이고, 그 밑에 모래시계를 든 해골은 누구도 피할 수 없는 죽음을 의미한다. 천으로 감싸인 네 여인은 정의, 현명, 자비, 진실을 상징한다.

로마나 미술사에 관심이 없다면 베르니니란 이름이 낯설 수 있다. 잔 로렌초 베르니니는 바로크 시대 대표적 조각가이자 건축가로, 로마 곳곳에 많은 업적을 남긴 인물이다. 특히 브라만테, 라파엘로, 미켈란젤로 등 내로라하는 건축가와 예술가의 손을 거친 산 피에트로 대성당을 완성하고 그 앞 산 피에트로 광장을 조성하였다.

베르니니는 들어서는 순간부터 가톨릭의 포용을 느낄 수 있도록 사람이 두 팔 벌려 감싸 안는 모양으로 산 피에트로 광장을 설계했다. 광장을 둘러싼 타원형 회랑 양쪽에 각각 4개씩 284개 원기둥이 서 있고, 그 위에는 140개의 성인 석상이 있다. 원기둥 높이는 16m, 석상 높이는 3.24m다. 4개씩 서 있는 원기둥은 하나의 기둥처럼 보이기도 하는데, 분수대 주변 타원형 지점에 서서 보면 그렇다.

광장 한가운데 오벨리스크는 시저 포룸을 장식하기 위해 기원전 37년 이집트에서 가져온 것이다. 원래 성당 옆쪽에 있었으나 교황 식스토 5세가 카를로 마데르노에게 명해 지금 위치로 옮겨 놓았다. 오벨리스크 꼭대기 청동 십자가 안에 예수가 못 박혔던 십자가 일부가 보관되어 있다. 또한 오벨리스크가 해시계로도 쓰이게끔 바닥에 12개의 둥근 점이 있다.

베르니니의 분수

마데르노의 분수

광장에는 두 분수가 대칭을 이루며 서 있다. 성당을 바라보고 오른쪽 분수는 산 피에트로 대성당 정면을 설계한 카를로 마데르노(1614년)가, 왼쪽 분수는 베르니니(1675년)가 만들었다.

성 베드로

사도 바울

광장 왼쪽 석상은 열쇠를 들고 있는 성 베드로이고, 오른쪽 석상은 검을 들고 있는 사도 바울이다. 광장에서 산탄젤로성Castel Sant'Angelo까지 연결된 도로는 무솔리니가 1929년 체결한 라테라노 조약을 기념해 만든 것이며 화해의 길Via della Conciliazione로 불린다.

성 김대건 안드레아 사제 순교자
S. ANDREAS KIM TAEGON
PRESBYTER ET MARTYR
(COREA 1821-1846)
A. D. MMXXIII

성 베드로 대성당에 우리나라 사람이라면 꼭 한 번 봐야 할 성인 성상이 있다. 우리나라 최초 신부인 김대건의 성상이다. 김대건 순교 177주년을 기념하여 2023년 9월 16일 아시아인 최초로 베드로 대성당 외벽 벽감에 설치되었다.
세례명 안드레아 김대건 신부는 독실한 천주교 집안에서 태어났다. 1837년 프랑스 출신 모방Pierre Philibert Maubant 신부가 선발한 유학생에 뽑혀 마카오 신학교로 유학을 떠났으며, 1845년 사제 서품을 받고 포교 활동 중 1846년 9월 16일 한강 새남터에서 순교하였다. 1925년 교황 비오 11세Pio XI가 복자로 선포하였고, 1984년 교황 요한 바오로 2세가 성인으로 선포하였다. 성상은 한진섭 작가가 조각하였다.
성 김대건 안드레아 사제 성상은 성 베드로 대성당 우측 외벽에 설치되어 있다. 성당 내부 관람 후 성당 입구를 등지고 왼쪽 외벽 쪽으로 가면 된다. 성당 지하 묘지 관람 후 나오는 출구 바로 오른쪽 벽면에 있다.

6 m
eccetto
atac

♣ 주소 : Piazza San Pietro

바티칸 박물관
Musei Vaticani

바티칸 박물관은 바티칸궁 일부가 박물관으로 개방된 것이다. 역대 교황이 수집한 예술품과 고대 유물, 그리고 당시 유명 예술가가 교황 의뢰로 바티칸궁 내부에서 직접 작업한 작품을 소장하고 있다. 바티칸 박물관 내 수많은 작품 모두 좋은 볼거리지만, 간과해서는 안 되는 것이 있다. 하나는 역대 교황 처소와 집무실을 꾸몄던 거장들의 벽화고, 또 하나는 전시실을 오가며 보게 되는 바티칸궁의 아름답고 평화로운 모습이다. 전시관 창문 너머로 보이는 바티칸궁은 한 폭의 그림처럼 느껴진다.

바티칸 박물관에 들어서는 순간, 너무 많은 작품과 인파에 놀란다. 사람들 틈에 끼여 끌려다니다 보면 어느새 관람이 끝나고 만다. 이에 바티칸 박물관에서 꼭 봐야 할 작품을 정리했다.

회화관 피나코테카
Pinacoteca

12세기~19세기 회화 작품 460점을 소장하고 있는 피나코테카 회화관은 건축가 루카 벨트라미Luca Beltrami가 교황 비오 11세Pio XI를 위해 지은 건물에 있다. 조토, 라파엘로, 다빈치, 카라바조 등 이탈리아 회화 대가의 걸작을 감상할 수 있는 18개 전시실이 있다.

조토는 이탈리아 회화 전환점에 있는 화가다. 평면적 고딕과 비잔틴 양식에서 벗어나 입체적이고 사실적 자연주의 양식을 그림에 반영해 회화 흐름을 바꾸었다. 단테Dante Alighieri의 「신곡La Divina Commedia」 '연옥편煉獄編'에 등장할 정도로 당시 명성이 대단했다.

이 삼단 제단화는 스테파네스키Jacopo Caetani degli Stefaneschi 추기경이 의뢰해 1315년~1320년 제작한 것이다. 앞면 중앙 그림은 스테파네스키 추기경이 베드로에게 제단화 틀과 같은 모양의 왕관을 바치는 장면이며 이 작품이 베드로에게 봉헌된 것임을 의미한다. 왼쪽에는 사도 바울과 야고보, 오른쪽에는 요한과 안드레아가 그려져 있다. 이 제단화는 사제와 신자 모두에게 보이는 것이기에 양면으로 그려져 있다.

뒷면 중앙에는 예수 발아래 스테파네스키 추기경이 무릎을 꿇고 있는 모습이 그려져 있으며 왼쪽에 베드로의 순교, 오른쪽에 사도 바울의 순교가 그려져 있다. 왼편 패널에서 베드로가 거꾸로 그려져 있는 것은 그가 십자가에 거꾸로 매달려 순교했기 때문이다.

멜로초 다 포를리Melozzo da Forli [음악 천사Angelo che suona]

파스텔화를 보는 것 같은 편안함과 부드러움이 느껴지는 그림들은 멜로초 다 포를리가 음악 천사와 사도를 그린 프레스코다. 원래 그의 주요작 [예수의 승천Ascensione di Cristo]에 그린 프레스코로, 훗날 교황 율리우스 2세가 되는 추기경 줄리아노 델라 로베레Giuliano della Rovere를 위해 로마 산티 아포스톨리 성당Basilica dei Santi Dodici Apostoli 천장에 그린 것이다. 1711년 성당 증축을 위해 그림을 떼어냈다. 14개 조각은 바티칸 박물관에 보관 중이며, 예수 부분은 퀴리날레 궁전Palazzo del Quirinale에 있다.

라파엘로 [그리스도의 변용Trasfigurazione]

라파엘로 유작인 [그리스도의 변용變容]은 마태복음 17장 구절을 그린 것이다. 그림 상단은 예수가 제자들을 데리고 산에 올라 모세와 엘리야를 만나는 장면이며, 하단은 사람들이 귀신 들린 아이를 고치기 위해 예수를 찾아온 모습이다. 이 그림은 훗날 교황 클레멘테 7세Clemente VII가 되는 추기경 줄리오 데 메디치Giulio de' Medici가 자신이 주교로 있던 성당을 위해 의뢰한 것이다. 라파엘로는 그림을 마치지 못한 채 세상을 떠났고, 그의 제자 줄리오 로마노Giulio Romano가 완성하였다.
'변용'은 예수가 광휘로 둘러싸여 용모가 변하는 모습을 말한다. 예수가 지닌 신성이 드러나는 것으로, 기독교 미술 주요 소재 중 하나다.

라파엘로가 교황 율리우스 2세를 위해 바티칸에서 '엘리오도로의 방'을 작업하던 1511년~1512년에 그린 것으로 추정된다. 캄피돌리오 광장 옆에 있는 산타 마리아 인 아라쾰리 성당Basilica di Santa Maria in Aracoeli 제단 장식용으로 폴리뇨의 유명 인본주의자였던 시지스몬도 데이 콘티Sigismondo dei Conti가 의뢰한 것이다.

어느 날 집에 번개가 크게 떨어졌음에도 상처 없이 무사하자 콘티는 이를 성모 마리아 은덕이라 생각해 라파엘로에게 봉헌할 그림을 요청하였다. 중앙 배경 부분이 그 일화를 나타내고 있다.

오른편에서 무릎 꿇은 채 손 모으고 있는 사람이 콘티고, 그의 머리에 손을 얹고 마리아에게 소개하는 이가 성서의 라틴어 번역으로 유명한 성 예로니모Geronimo(히에로니무스Hieronymus)다. 그림 왼편에 가죽옷을 입고 있는 이는 세례 요한San Giovanni Battista이며, 그 앞에 무릎 꿇고 있는 이가 성 프란체스코다.

페루자의 산 프란체스코 알 프라토 성당Chiesa di San Francesco al Prato 안에 있는 오디 예배당Cappella Oddi 제단 장식을 위해 그린 것이다. 성모는 사후 영혼뿐 아니라 육체까지 하늘로 승천했다는 신앙이 있는데 이를 '성모승천'이라 한다. 14세기 이후 이탈리아에서 그림 소재로 많이 삼았으며, 마리아가 관을 받는 '성모대관'과 관련해 그려졌다.
그림 윗부분은 음악 천사에 둘러싸여 예수가 마리아에게 왕관을 씌워주는 모습이다. 아랫부분에 도마Tommaso가 마리아에게 선물 받은 띠를 들고 있고, 마리아가 있던 관에는 꽃이 채워져 있다. 1502년~1504년 그린 라파엘로 초기 작품으로 추정되며, 스승 페루지노의 스타일에 가장 가까운 작품이라 알려져 있다.

히에로니무스는 "신성한 사람"이라는 뜻으로 예로니모의 라틴어 이름이며 이탈리아어로는 지롤라모Girolamo(영어로는 제롬Jerome)라고 부른다. 성서학자인 히에로니무스는 그리스어 성경을 히브리어 성경과 비교하여 라틴어로 번역한 업적을 남겼다.
세상과 격리되어 은둔생활을 하던 히에로니무스가 세속적 생각이 들 때마다 가슴을 치며 이겨냈던 모습을 그린 것이다. 스케치 상태의 수수께끼 같은 이 작품은 누가 어떤 목적으로 다빈치에게 의뢰했는지에 대한 정보가 없다. 그림 속 사자는 히에로니무스가 앞발에 박힌 가시를 빼주었더니 평생 곁을 떠나지 않았다는 전설에 근거해 그려진 것이다.

카라바조 걸작 중 하나로, 지롤라모 비트리체Girolamo Vittrice가 로마 산타 마리아 인 발리첼라 성당Parrocchia Santa Maria in Vallicella 가족 예배당을 장식하려고 의뢰한 작품이다.
카라바조는 이웃을 모델 삼아 그림 속 인물을 그렸으며, 어두운 부분과 밝은 부분을 대비하여 효과적이고 극적으로 주제를 강조하였다. 그림에서 예수 다리를 들고 있는 인물은 다른 이 눈을 피해 밤에만 예수를 찾아왔던 바리새인 니고데모Nicodemus로 그의 시선이 관람자를 보고 있는 듯하다. 예수 등을 받치고 있는 인물은 아리마대 요셉Giuseppe di Arimatea이다. 그는 예수가 십자가에서 창에 찔렸을 때 흐르는 피를 성배에 모았으며, 롱기누스의 창을 소유했었다는 전설이 있다. 뒤에는 수녀복을 입은 성모 마리아와 막달라 마리아Maria Magdalena가 서 있고, 비통한 표정으로 두 팔을 치켜든 여인은 요셉 형제로 여겨지는 클로파스Cleofa의 아내 마리아다.

바울 참수터에 세워진 교회 산 파올로 알레 트레 폰타네San Paolo alle Tre Fontane 제대 장식을 위해 추기경 피에트로 알도브란디니Pietro Aldobrandini 의뢰로 1604년~1605년 완성한 작품이다.
볼로냐 출신 귀도 레니는 제2의 라파엘로라 불렸으며 로마에서 카라바조 영향을 받았다. 이 작품은 산타 마리아 델 포폴로 성당에 있는 카라바조 [베드로의 십자가형]에서 영감을 받아 그린 것이다.

피냐 정원
Cortile della Pigna

피냐 정원은 "솔방울 정원"이란 뜻으로, 4m 높이 거대한 청동 솔방울이 있어 붙은 이름이다. 청동상 주변 테라스는 1562년 교황 비오 4세Pio IV 때 피로 리고리오Pirro Ligorio가 만들었다. 2세기경 분수로 제작된 솔방울상은 마르치오 평야Campo Marzio에서 발견되었는데, 옛 베드로 대성당 4개 문이 있는 아트리움에 있다가 1608년 지금 자리로 옮겨졌다. 솔방울이 정화 의미가 있어 바티칸을 방문한 순례자가 이 분수에서 씻는 의식을 행하기도 하였다.
불멸을 상징하는 청동 공작새는 오늘날 산탄젤로성으로 불리는 하드리아누스 영묘를 장식했던 것이다. 오랜 시간 옛 베드로 대성당 회랑에 있다가 1608년 베드로 대성당을 새로 지으면서 피냐 정원에 옮겨졌다. 이곳에 있는 것은 복제품이며, 도금된 원본 공작상은 브라치오 누오보Braccio Nuovo관에 전시되어 있다.

피냐 정원에서 눈에 띄는 현대적 구형 조형물은 이탈리아 조각가 아르날도 포모도로Arnaldo Pomodoro의 [천체 안의 천체sfera con sfera]다. 1990년 설치되었으며, 미국 UN 본부 등 여러 지역 중요 건물에 다른 버전으로 설치되어 있다. 구 내부 디자인은 시계같이 복잡한 기계 톱니바퀴 또는 기어를 나타내며, 세계가 지니고 있는 약함과 복잡함을 표현하고 있다.

피냐 정원은 피날레인 시스티나 예배당까지 가는 여정에서 편히 앉아 쉴 수 있는 유일한 장소라 이곳에서 한숨 돌리고 다음 여정을 준비하는 것이 좋다.

피오 클레멘티노 박물관
Museo Pio Clementino

아름다운 조각의 향연이 펼쳐지는 피오 클레멘티노 박물관은 교황 이노센트 8세Innocenzo VIII가 지은 벨베데레 궁전 건물을 개조한 것이다. 8각 정원, 원형의 방, 뮤즈의 방, 그리스 십자가의 방 등 여러 전시 공간으로 구성되어 있다.

수집품 핵심 목록이자 박물관 시작을 알리는 것은 교황 율리우스 2세가 8각 정원에 수집한 조각이다. 계몽주의 영향으로 바티칸이 보유하고 있던 작품을 대중에게 공개하고, 오래된 작품 보존 및 연구를 위해 이 박물관을 열었다. 피오 클레멘티노란 명칭은 박물관 설립에 관여한 교황 클레멘테 14세Clemente XIV와 교황 비오 6세Pio VI 이름을 따서 붙인 것이다.

8각 정원Cortile Ottagono

이 조각상은 추기경 줄리아노 델라 로베레의 소장품 중 하나로 교황 율리우스 2세가 된 뒤 바티칸으로 옮겨왔으며 1508년 이래 계속 이 자리에 있다.
아폴로신이 막 활을 당긴 모습을 표현한 작품이다. 2세기 무렵의 것으로 추정되며 기원전 330년~320년 고대 그리스 조각가 레오카레스Leochares 청동 조각상의 복제품이라 추측하고 있다.

8각 정원에서 놓쳐서는 안 되는 작품이다. 1506년 로마 에스퀼리노 언덕에서 밭 갈던 농부가 발견한 후, 교황 율리우스 2세가 사들여 정원에 전시하였다. 역사가 플리니우스Gaius Plinius Secundus는 "로도스Rodi(그리스 남동쪽에 있는 섬, 영어명 로즈Rhodes)의 조각가들(하게산드로스Agesandros, 폴리도로스Polydoros, 아타노도로스Athanodoros)이 만든 걸작"이라고 말했다.
이 조각상은 트로이 목마cavallo di Troia와 관련 있다. 트로이 전쟁la guerra di Troia 중 그리스인이 성 밖에 목마를 두고 가자, 아폴로신을 섬겼던 트로이 제관 라오콘은 목마를 성안으로 들이면 안 된다고 경고한다. 이에 그리스에 호의적이었던 지혜·전쟁의 여신 아테나와 바다의 신 포세이돈이 바다뱀 2마리를 보내 라오콘과 두 아들을 물어 죽이게 했다. 결국 트로이는 라오콘의 경고를 무시하고 목마를 성안에 들여, 밤사이 목마에서 빠져나온 그리스군에 의해 멸망하고 만다.
이 이야기는 로마 건국과도 연결된다. 트로이가 멸망하자 뛰어난 용사 아이네이아스Aeneas가 유민을 이끌고 이탈리아로 건너와 나라를 세우는데, 로마 시조인 로물루스Romulus와 쌍둥이 동생 레무스Remus가 아이네이아스 후손이다. 이들은 팔라티노 언덕에 로마를 세웠다. 하지만 누가 왕이 될 것인가를 두고 싸우다 로물루스가 레무스를 죽이고 로마의 첫 왕이 된다. 로마란 명칭은 로물루스에서 나왔다.

1784년 일반 공개된 뮤즈의 방은 티볼리Tivoli 근처 카시우스 빌라villa di Cassio에서 발견된 조각품과 하드리아누스 황제 시대 조각을 전시하고 있다. 토르소는 이탈리아어로 "몸통"이란 뜻이며 머리, 팔, 다리가 없는 몸통 조각상을 일컫는 말이기도 하다. 이 조각상은 15세기 말 로마에서 발견된 고대 조각 작품 중 일부로 1530년~1536년 바티칸 컬렉션으로 들어왔다. BC 1세기 무렵 제작된 것으로 추정되며 아테네 조각가 아폴로니오스Apollonios 작품이라 서명되어 있다.

이 토르소는 트로이 전쟁에서 활약한 그리스 영웅 아이아스Aiace를 조각한 것이라는 설이 유력하다. 살라미스Salamina 왕 텔라몬Telamon의 아들 아이아스는 아킬레스Achilles가 죽은 후 그의 갑옷을 차지하기 위한 싸움에서 오디세우스Odysseus에게 패하는데, 분을 삭이지 못하고 그리스군 장수를 몰살하려 한다. 하지만 이를 눈치챈 아테나에 의해 양떼를 그리스군으로 착각해 도륙한다. 정신 차린 아이아스는 자기 행동에 수치심을 느낀 나머지 자살하고 만다.

OPERE DA NON PERDERE

판테온을 본떠 천장이 반구형인 원형의 방은 이탈리아 건축가 미켈란젤로 시모네티Michelangelo Simonetti가 1779년 완성하였다. 금박을 입힌 이 청동상은 1864년 캄포 데 피오리 광장 근처 피오 리게티 궁전Palazzo Pio Righetti에서 발견되었다.

청동상 주인공은 헤라클레스Hercules, Ércole다. 그의 팔에 걸쳐져 있는 것은 그리스 신화 속 네메아Nemea 골짜기에 살며 사람들을 괴롭혔던 사자의 가죽이다. 헤라 여신 질투로 12가지 모험을 해야 했던 헤라클레스의 첫 번째 모험이 이 사자를 죽이는 것이었다. 하지만 네메아 사자는 불사신이라 화살과 칼로는 가죽을 뚫을 수 없었다. 헤라클레스는 몽둥이로 사자를 계속 때려 지치게 한 후 목을 졸라 죽이는 데 성공하였다. 그는 사자 가죽을 벗겨 투구와 옷으로 입고 다녔다. 제우스는 헤라클레스의 용맹을 기리려 네메아 사자를 별자리인 사자자리Leo로 만들었다.

SQVALORE DETERSO

이곳은 교황 비오 6세 재임 기간 동안 미켈란젤로 시모네티가 디자인하고 건축하였다. 바닥 중앙에 있는 아테나 흉상 모자이크는 천연 대리석으로 만든 것이다.
사자상이 받치고 있는 석관은 콘스탄티누스 황제 어머니 헬레나의 것이다. 로마 외곽 토르 피냐타라Tor Pignattara의 영묘에 있던 것을 1777년 바티칸으로 옮겨왔다.

[콘스탄티나의 석관Sarcofago di Costanza]

콘스탄티누스 황제 딸 콘스탄티나의 석관이다. 콘스탄티나는 354년 사망해 로마 성 아그네스 교회Basilica di S. Agnese 옆에 묻혔다. 1467년~1471년 로마 산 마르코 광장piazza S. Marco에 옮겨진 후, 1790년 40마리 소가 끄는 마차로 이곳에 왔다. 석관은 프란체스코 안토니오 프란초니Francesco Antonio Franzoni가 조각한 4마리 암사자 위에 올려져 있으며, 석관 겉에는 화환과 포도 넝쿨, 아칸서스무늬, 큐피드가 조각되어 있다.

촛대의 복도
Galleria dei Candelabra

복도 양쪽에 조각상이 일렬로 서 있는 모습이 인상적인 곳이다. 갤러리에 놓여있는 거대한 대리석 촛대로 인해 촛대의 복도라는 이름이 붙여졌다.

III · A · PARTA · IN · TVRCAS
VICTORIA
POLONIA · OBSEQVENS

[illegible]

며 이탈리아어로는 지롤라모Girolamo, 영어로는 제롬Jerome이라고 부른다. 성서 학자인 히에로니무스는 그리스어 성경을 히브리어 성경과 비교하여 라틴어로 번역한 업적을 남겼다.

[illegible]

아라치의 복도

Galleria degli Arazzi

아라치는 벽걸이용 카펫으로 태피스트리Tapestry라 부르기도 하는데, 벽을 장식하거나 한기를 막기 위해 설치하였다. 왼쪽은 예수 일생을, 오른쪽은 교황 우르바노 8세 업적을 나타낸 작품이 걸려 있다. 복도 천장화는 조각처럼 보일 만큼 입체감이 뛰어나다.

지도의 복도
Galleria delle Carte Geografiche

복도에 들어서는 순간 감탄사가 절로 나올 만큼 화려하고 아름다운 곳이다. 교황 그레고리오 13세Gregorio XIII 때 만들었다. 120m 긴 복도 양쪽으로 이탈리아 지도가 자세히 그려져 있다.

ITALIA NOVA
ITALIA
ARTIVM
STVDIORVMQVE
PLENA SEMPER
EST HABITA
MARE

소비에스키 방
Sala Sobieski

1683년 오스트리아Republik Österreich 비엔나Wien에서 튀르키예Türkiye군과 싸워 기독교를 지킨 폴란드Rzeczpospolita Polska 왕 얀 소비에스키Jan Sobieski의 역사화가 있다. 폴란드 화가 얀 마테이코Jan Matejko 작품으로, 비엔나 전투가 끝난 후 교황에게 승리 메시지를 보내는 장면이다. 1883년 승전 200주년을 기념해 그려졌으며 교황 레오 13세Leone XIII에게 기증되었다. 벽 한 면을 가득 채울 만큼 크다.

NON·NOBIS·DOMINE·NON·NOB

SED·NOMINI·TVO·DA·GLORIAM·

NON·NO

NON · NOBIS · SED · NOMINI · TVO · DA · GLORIAM ·

무염 시태의 방
Sala dell'Immacolata

임마쿨라타 콘체지오네Immacolata Concezione는 "무원죄 수태" 또는 "무원죄 잉태설"이라고 하는데, 성모 마리아가 성령으로 예수를 잉태한 순간부터 아담의 원죄 영향을 받지 않는다는 교리다. 교황 비오 9세가 1854년 '성모 마리아의 원죄 없는 잉태'를 선포했다. 이 방은 무원죄 수태 선포를 기념해 만들었다. 방 중앙 책장은 무원죄 수태 교리 번역본을 보관하기 위해 1874년~1878년 제작한 것이다. 원본 110권은 현재 바티칸 사도 도서관에 보관 중이며, 책장에는 복사본을 전시하고 있다.

PIVS·NONVS·PON

MARIAM
MAGNAM DEI MATREM
PIUS IX PONT

S·NONVS·PONTIFEX·MAX
PIVS·NONVS·PON

라파엘로의 방
Stanze di Raffaello

라파엘로의 방은 콘스탄티누스의 방, 엘리오도로의 방, 서명의 방, 보르고 화재의 방으로 이루어져 있다. 교황 율리우스 2세가 브라만테 추천으로 라파엘로에게 교황 궁전 2층에 있는 거처를 꾸미게 하였다. 라파엘로는 서명의 방을 시작으로 엘리오도로의 방, 보르고 화재의 방, 콘스탄티누스의 방 순서로 작업하였다. 이 책에서는 일반적 관람 순서에 맞춰 정리하였다.

콘스탄티누스의 방Sala di Costantino

연회와 공식 행사 공간으로 1520년 라파엘로가 작업을 마치기 전 세상을 떠남에 따라 제자들이 완성하였다. 방 이름은 로마 황제 콘스탄티누스에서 따온 것이며 벽에 4개 에피소드가 그려져 있다.

콘스탄티누스 황제가 막센티우스와 전쟁하기 전 보았던 예언을 묘사한 그림이다. 하늘에서 '이것으로 승리하라'고 쓰인 십자가 환상을 본 뒤 로마 군대 상징인 독수리 대신 십자가를 병사 방패에 새겨 이겼다. 이를 계기로 콘스탄티누스 황제는 기독교를 공인하고 그리스도인에 대한 탄압을 멈추었다. 이 그림은 라파엘로가 마치지 못하고 제자 줄리오 로마노가 완성하였다.

[밀비우스 다리 전투Battaglia di Costantino contro Massenzio]

라이벌이었던 콘스탄티누스와 막센티우스는 312년 밀비우스 다리에서 전투를 벌였는데, 콘스탄티누스가 승리해 로마 제국 황제가 되었다. 그림 오른쪽, 말을 탄 채 테베레강fiume Tevere에 빠진 사람이 막센티우스다. 이것은 이교도에 대한 그리스도교의 승리를 의미하는 것이기도 하다. 이 그림 역시 완성되기 전 라파엘로가 세상을 떠나 줄리오 로마노가 완성했다.

[콘스탄티누스 세례식Battesimo di Costantino]

라테라노 세례당에서 교황 실베스테르Silvestro가 콘스탄티누스 황제에게 세례식을 거행하는 장면이다. 이 그림은 교황 하드리아누스 6세Adriano VI 재임 기간(1521년~1523년) 작업이 중단되었다가 클레멘테 7세가 후임 교황에 오르며 재개되었는데, 그림 속 교황에 클레멘테 7세 모습이 반영되어 있다. 라파엘로 제자 조반니 프란체스코 펜니Giovanni Francesco Penni가 완성하였다.

[로마 헌증Donazione di Roma]

황제 콘스탄티누스가 교황 실베스테르에게 무릎 꿇고 황금 동상으로 상징화된 로마를 봉헌하고 있다. 이 그림에도 교황 모습에 클레멘테 7세 특징이 보인다.

[기독교의 승리Trionfo della religione Cristiana]

시칠리아 화가 토마소 라우레티Tommaso Laureti가 1582년~1585년 완성하였다. 이교도 우상은 파괴되고 그 자리에 그리스도 형상이 서 있는 모습으로 기독교의 승리를 표현하였다. 교황 레오 10세Leone X가 지은 목조 천장은 교황 그레고리오 13세 때 프레스코 장식으로 바뀌었다.

교황 알현실로 사용되었던 방으로, 라파엘로는 서명의 방 완성 후 작업에 착수하였다.

1263년 볼세나의 산타 크리스티나 성당Basilica di Santa Cristina에서 일어난 기적을 묘사한 그림이다. 볼세나의 기적은 실체변화transustanziazione(성찬식 때 사용되는 빵과 포도주가 축도에 의해 그리스도의 몸과 피로 실체가 변한다는 교리)에 의심을 품고 있던 신부가 미사 집전 도중 성체에서 피가 떨어져 성체보가 물든 사건이다. 볼세나 근처 오르비에토Orvieto에 머물고 있던 교황 우르바노 4세Urbano IV가 사건 진위를 파악한 후 오르비에토 대성당Duomo di Orvieto을 지어 피로 물든 성체보를 보관하게 하였다. 제단 가까이 무릎 꿇은 이는 교황 율리우스 2세다.

[성 베드로의 해방Liberazione di San Pietro]

감옥에 갇혀있던 베드로가 천사의 도움을 받아 탈출하는 사도행전 12장 5절~12절 내용을 그린 것으로, 세 장면이 묘사되어 있다. 가운데 그림은 '홀연히 주의 사자가 나타나매 옥중에 광채가 빛나며 또 베드로의 옆구리를 쳐 깨워 이르되 급히 일어나라 하니 쇠사슬이 그 손에서 벗겨지더라'는 구절을 그린 것이다. 베드로를 깨우는 천사의 광채를 유독 밝게 그려 실감 나는 느낌을 준다. 오른쪽 그림은 베드로가 천사의 안내를 받아 감옥에서 나가는 모습이고, 왼쪽 그림은 베드로가 없어진 것을 발견한 간수의 소동을 묘사한 것이다.

[레오 대제와 아틸라의 만남Incontro di Leone Magno con Attila]

452년 훈족 왕 아틸라가 북이탈리아에 침입해 로마로 진격하려 하자, 교황 레오 1세가 아틸라를 설득해 돌려보냈다는 이야기를 그린 것이다. 레오 1세 머리 위에 나타난 두 성인은 열쇠를 쥔 베드로와 칼을 든 바울이다. 흑마에 앉아 손짓하며 동요하는 군사를 안심시키는 이가 아틸라다.
원래 이 사건은 북이탈리아 만토바Mantova에서 일어났지만, 라파엘로는 장소를 로마 성문으로 옮겨놓았다. 배경에 콜로세움과 수로, 오벨리스크가 보인다.

[사원에서 추방당하는 엘리오도로Cacciata di Eliodoro dal Tempio]

「마카베오서」 하권 3장 21절~28절 내용을 묘사한 것이다. 「마카베오서」는 헬레니즘Hellenism 시대 이스라엘Israel 민족 역사를 기록한 책으로 구약성서 제2 경전에 속하는 것이다. 가톨릭은 정경正經에 포함하고 있지만, 유대교와 개신교에서는 정경에 포함하지 않았다.

'휘황찬란한 말이 보기에도 무시무시한 기사를 태우고 그들 눈앞에 나타났다. 그 말은 맹렬하게 돌진하여 앞발을 쳐들고 엘리오도로에게 달려들었다. 말을 타고 나타난 기사는 황금갑옷을 입고 있었다. 그와 함께 두 젊은 장사가 나타났는데 그들은 굉장한 미남인데다 입고 있는 옷마저 휘황하였다. 그들은 엘리오도로 양쪽에 서서 그를 쉴 새 없이 채찍으로 때렸다' 라는 내용을 그렸다.

시리아Syria 왕 셀레우코스Seleuco는 예루살렘 성전 금고에 많은 돈이 보관되어 있다는 이야기를 듣고, 엘리오도로에게 그 돈을 가져오라 명하였다. 명령받은 엘리오도로가 예루살렘 성전 금고에서 돈을 빼가려 하자, 대제사장 오니아스Onia의 기도를 들은 하나님이 엘리오도로를 혼내는 장면이다. 가마에 앉아 이 모든 상황을 지켜보는 이가 라파엘로에게 방 장식을 의뢰한 교황 율리우스 2세다. 정면을 응시하고 있는 턱수염 가마꾼은 라파엘로 친구이자 조각가인 라이몬디Marcantonio Raimondi다. 그 반대편 가마꾼에 라파엘로 자신을 그려 넣었다.

라이몬디와 라파엘로

교황 율리우스 2세는 이 방을 보고 마음에 들어 라파엘로에게 다른 방도 꾸미게 하였다. 방 이름은 교황 지휘를 받았던 교황청 최고 재판소Segnatura Gratiae et Iustitiae에서 유래하였다. 후에 교황 레오 10세가 이곳을 작은 연구실과 음악실로 사용하였으며, 교황의 악기를 보관하였다.

이 작품은 상하 두 부분으로 나뉘는데 위에는 천국에 있는 성인이, 아랫부분에는 지상 교회 모습이 그려져 있다. 윗부분 그림 가운데 맨 위에 하나님이 있고, 바로 아래에 예수, 그 왼쪽(관람자 시선)에는 성모 마리아, 오른쪽에는 세례 요한이 앉아있다. 이를 중심으로 왼쪽에는 베드로, 아담, 복음사가 요한, 다윗, 라우렌시오, 예레미야, 오른편에는 유다 마카베오, 스테파노, 모세, 야고보, 아브라함, 사도 바울이 앉아있다. 예수 발아래 비둘기는 성령을 뜻하며, 천사가 4대 복음서 「마태복음」, 「마가복음」, 「누가복음」, 「요한복음」을 들고 있다.

아랫부분 지상 교회에서는 교황, 신학자, 교회 의사, 저술가, 철학자와 신자가 성만찬 신비의 본질과 심오함을 두고 논쟁 중이다.

[아테네 학당Scuola di Atene]

바티칸 박물관에서 놓치지 말아야 할 작품 중 하나다. 관람객이 너나 할 것 없이 가운데 두 명이 그려진 입장 티켓을 들고 기념사진을 찍기 때문에 항상 붐빈다. 라파엘로는 플라톤Platon과 아리스토텔레스Aristoteles(티켓에 그려진 두 명)를 중심으로 인문학자는 위쪽에, 자연과학자는 아래쪽에 배치하였다.

이데아Idea를 추구했던 ① 플라톤은 손가락으로 위를 가리키고 있으며, 한 손에는 저서 「티마이오스Timaios」를 들고 있다. 플라톤 얼굴은 레오나르도 다빈치 초상이다.
플라톤 옆에서 손바닥을 아래로 하고 있는 사람은 플라톤 제자인 ② 아리스토텔레스다. 그는 플라톤과 달리 관념론이 아닌 현실주의 철학을 탐구했다.
③ 소크라테스Socrates는 '너 자신을 알라'는 명언을 남긴 철학자로 플라톤의 스승이다.
④ 피타고라스Pythagoras는 피타고라스의 정리로 유명하며, 음악도 수학으로 파악해 음을 계산해냈다.
⑤ 데모크리토스Democritos는 그리스 철학자이자 과학자로 스승인 레우키포스Leukippos의 원자론을 체계적으로 발전시킨 인물이다. 미켈란젤로를 모델로 하여 그렸다.
⑥ 히파티아Hypatia는 최초의 여성 수학자로 이집트 신플라톤파 대표적 철학자이기도 하다.
⑦ 유클리드Euclid는 그리스 수학자이며 기하학을 창시한 인물이다. 컴퍼스를 들고 기하학을 설명하고 있다.
⑧ 조로아스터Zoroaster는 조로아스터교 창시자다. 조로아스터라는 이름은 그리스식이며, 고대 페르시아Persia어인 아베스타Avesta어로는 자라투스트라Zarathustra라 불린다.
⑨ 라파엘로 자화상이다.
⑩ 디오게네스Diogenes는 '행복은 인간 욕구를 쉽고 간단한 방법으로 만족시키는 것'이라 했던 그리스 철학자다. 어느 날 알렉산더 대왕Alexander III Magnus이 찾아와 소원이 있느냐 물었더니 "햇빛을 가리지 말아 달라"고 했다는 일화가 있다. 라파엘로는 그의 철학에 맞게 가장 편하고 자연스러운 자세로 그렸다.

[파르나소스Parnaso]

라파엘로가 그리스 신화에 나오는 파르나소스산을 그린 것이다. 파르나소스산은 아폴로 신전이 있는 델포이Delphoe에 있으며, 아폴로와 뮤즈Muse가 머물던 성스러운 곳이다. 예술과 문학을 상징하기도 한다.
그림 정중앙, 머리에 월계관을 쓰고 리라lyre를 연주하는 이가 아폴로다. 아폴로는 빛·음악·시·예언·의술·궁술을 관장하는 신으로 아름다운 얼굴을 지닌 젊은이로 묘사된다. 아폴로를 둘러싼 아홉 뮤즈는 서사시 여신 칼리오페Calliope, 역사와 영웅시의 여신 클리오Clio, 사랑의 시와 춤의 여신 에라토Erato, 음악과 서정시의 여신 에우테르페Euterpe, 비극의 여신 멜포메네Melpomene, 찬가·웅변·무언극·농업의 여신 폴리힘니아Polyhymnia, 무용의 여신 테르프시코레Terpsichore, 희극의 여신 탈리아Thalia, 천문의 여신 우라니아Urania다. 이들은 제우스와 기억의 여신 므네모시네Mnemosyne 사이에서 태어났다.
아폴로와 뮤즈 주변에 고전주의와 르네상스 인문주의를 상징하는 문인들이 있다. 그림 왼편 파란색 옷을 걸치고 있는 이가 「일리아스Ilias」와 「오디세이아Odysseia」의 저자 호메로스Homeros고, 그 뒤 붉은색 옷을 입고 있는 이는 「신곡」을 쓴 단테다.

단테와 호메로스

보르고 화재의 방Stanza dell'Incendio di Borgo

교황 율리우스 2세 때 교황이 주관하는 교황청 최고 재판소 회의에 사용되던 방이다. 교황 레오 10세 때는 식당으로 사용되었다. 라파엘로가 사사하기도 한 피에트로 페루지노가 천장 그림을 그렸으며, 벽 장식은 라파엘로가 맡아 1514년~1517년 완성하였다.

샤를마뉴Charlemagne는 프랑스어로 샤를 대제를 말한다. 독일어로는 카를 대제Karl der Große, 라틴어로는 카롤루스 대제Carolus Magnus라 불린다. 샤를마뉴는 게르만족Germanen이 세운 프랑크 왕국Frankenreich의 카롤링거 왕조Les Carolingiens 군주로서 서유럽을 통일하고 황제가 되었다.
이 그림은 800년 성탄절 자정에 교황 레오 3세Leone III가 성 베드로 대성당에서 샤를 대제에게 행했던 황제 즉위식을 그린 것이다. 이는 서로마 제국 재건과 교황청의 동로마 제국(비잔틴 제국)으로부터 해방을 의미하는 것이었다. 레오 3세 얼굴은 교황 레오 10세 초상이며 샤를마뉴 얼굴은 프랑스 왕 프랑수아 1세François I 초상으로 그려졌는데, 이것은 1515년 밀라노를 침공한 프랑수아 1세와 레오 10세 사이에 체결된 협약을 의미하는 것일 수 있다.

교황 전기를 기록한 교황 인명록에 따르면, 847년 성 베드로 대성당 앞 동네 보르고에 화재가 발생했는데 교황 레오 4세Leone IV 기도로 불이 꺼져 교회와 사람들이 화마에서 벗어날 수 있었다고 한다. 그림 속 멀리 성당 발코니에서 보르고를 향해 손들고 기도하는 레오 4세 모습이 보인다.

기도하는 레오 4세

오스티아 전투는 849년 교황 레오 4세 때 로마 근교 오스티아 항구에서 일어났던 해전이다. 레오 4세는 당시 세력이 강했던 이슬람 제국에 대비코자 성벽과 제방을 보강했는데, 이 그림은 이슬람에 대항해 거둔 승리를 기념하기 위해 그려졌다.

보르자 아파트
Appartamento Borgia

보르자 아파트는 스페인 보르자 가문 출신 교황 알레산드로 6세의 명에 따라 만든 6개 방으로, 현재 바티칸 박물관 현대 미술 컬렉션 전시 공간이다.
접견실이었던 교황의 방을 제외하고 무녀와 예언자의 방, 사도신경의 방, 인문학의 방, 성인의 방, 신비의 방을 핀투리키오Pinturicchio라고 불렸던 베르나르디노 디 베토Bernardino di Betto가 제자들과 작업하였다. 핀투리키오는 다섯 명의 교황 재임 동안(식스토 4세, 인노첸티우스 8세Innocenzo VIII, 알레산드로 6세, 비오 3세Pio III, 율리우스 2세) 독특하고 뛰어난 창작 활동을 선보여 15세기 말 움브리아Umbria 학파 거장으로 인정받은 인물이다.

사도신경의 방 Sala dei Credo

사도신경의 방은 열두 개 아치형 반원에 신약성경 사도와 구약성경 인물이 짝을 이루고 있으며, 물결 모양 띠에 사도신경 구절이 적혀 있다.
성 베드로와 예레미야 Geremia, 성 요한과 다윗 David, 성 안드레아와 이사야 Isaia, 성 (대)야고보 Giacomo il Maggiore와 스가랴 Zaccaria, 성 마태오와 호세아 Osea, 성 (소)야고보 Giacomo il Minore와 아모스 Amos, 성 빌립보 Filippo와 말라기 Malachia, 성 바르톨로메오 Bartolomeo와 요엘 Gioele, 성 도마와 다니엘, 성 시몬 Simone과 말라기, 성 다대오 Taddeo와 스가랴, 성 마태오와 오바댜 Abdia가 그려져 있다(시계 방향 순서).
화려한 천장 장식도 놓칠 수 없는 부분이다. 천장 한가운데 푸른색 원형 장식 중 사각 테두리 명판에 교황 알레산드로 6세 이름이 새겨져 있다.

성 베드로와 예레미야, 성 요한과 다윗

성 안드레아와 이사야, 성 (대)야고보와 스가랴

성 마태오와 호세아, 성 (소)야고보와 아모스

성 빌립보와 말라기, 성 바르톨로메오와 요엘

성 다대오와 스가랴, 성 마태오와 오바댜

천장

인문학의 방은 중세 시대 반드시 배워야 했던 7개 학문을 여성으로 의인화해 장식한 방이다.
7개 학문이란 트리비움Trivium(3학문)으로 불렸던 문법, 논리학, 수사학과 콰드리비움Quadrivium(4학문)이라 칭했던 기하학, 산술, 천문학, 음악을 가리킨다.
왕좌를 중심으로 각 학문에 관련된 인물을 배치하였다. 천장에는 보르자 가문 출신 교황 알레산드로 6세 문장이 금도금으로 화려하게 장식되어 있다. 보르자 가문 상징인 황소가 자주 보인다.

문법

논리학

수사학

기하학

산술

천문학

음악

성인의 방Sala dei Santi

핀투리키오 걸작으로 꼽히는 성인의 방은 세례 요한 어머니 엘리사벳Elisabetta과 성모 마리아의 만남, 성 세바스티아누스(세바스티안)의 순교, 성녀 카타리나의 논쟁, 수산나와 장로들, 성녀 바바라Barbara의 순교, 이집트 대수도원장 성 안토니우스Antonio와 테베 은둔자 성 바오로San Paolo di Tebe의 만남이 그려져 있다.
천장 프레스코는 색다른 주제로 그려졌는데, 기독교 문화와 이교 문화인 고대 이집트 신화를 공존시켰다. 이집트 신화의 이시스, 오시리스Osiris, 아피스Apis에 등장하는 황소를 보르자 가문 상징인 황소와 연관시켰다.

성 세바스티아누스의 순교

성녀 카타리나의 논쟁

수산나와 장로들

성녀 바바라의 순교

이집트 대수도원장 성 안토니우스와 테베 은둔자 성 바오로의 만남

엘리사벳과 성모 마리아의 만남

신비의 방은 성모 마리아 일생을 담은 그림으로 장식한 방이다. 교황의 사적 용도로 쓰였기 때문에 비밀의 방으로 불린다. 수태고지, 그리스도 탄생, 동방 박사의 경배, 그리스도 부활, 그리스도 승천, 성령강림, 성모승천을 실외 배경으로 묘사하고 있어 풍경 화가인 핀투리키오의 참모습을 보여주고 있다.

그리스도 부활 장면에서 교황 예복을 입고, 부활한 그리스도 발 앞에 무릎 꿇고 있는 사람이 교황 알레산드로 6세다.

천장 프레스코에 미가Michea, 요엘, 예레미야, 스바냐Sofonia, 이사야, 솔로몬Salomone, 말라기, 다윗을 그렸으며, 보르자 가문 상징인 황소와 이중 왕관이 장식되어 있다.

수태고지

그리스도 탄생

동방 박사의 경배

그리스도 부활

그리스도 승천

성령강림

성모승천

교황의 방Sala dei Pontefici

교황의 방은 응접실 겸 접견실로 사용된 곳이다. 로렌초 사바티니Lorenzo Sabbatini가 제자들과 작업하였다.

시스티나 예배당
Cappella Sistina

시스티나 예배당은 바티칸 박물관 피날레이자 하이라이트인 미켈란젤로의 [천지창조]와 [최후의 심판]이 있는 곳이다. 1477년~1480년까지 옛 예배당을 복원한 교황 식스토 4세 이름에서 따왔다.

성당 벽 15세기 장식은 피에트로 페루지노, 산드로 보티첼리Sandro Botticelli, 도메니코 기를란다요Domenico Ghirlandaio, 코시모 로셀리Cosimo Rosselli 등이 작업했으며 모세 이야기, 예수 이야기, 교황 초상을 담고 있다. 피에르 마테오 다멜리아Pier Matteo d'Amelia가 1481년~1482년 천장에 별이 빛나는 하늘을 그렸다.

1483년 8월 15일 식스토 4세는 성모 마리아에게 봉헌할 이 예배당을 축성하는데, 조카인 교황 율리우스 2세가 예배당 장식 부분 변경을 결정, 1508년 미켈란젤로에게 천장과 채광창 벽 윗부분 장식을 맡겼다. 미켈란젤로는 1512년 10월 [천지창조] 작업을 마쳤고, 11월 1일 율리우스 2세가 미사를 통해 시스티나 예배당을 공개하였다. 1533년 교황 클레멘테 7세는 미켈란젤로에게 제단 벽면 장식 교체를 의뢰한다. 1536년 교황 바오로 3세 때 본격적으로 작업에 착수하였고, 1541년 [최후의 심판]이 완성되었다.

시스티나 예배당은 새 교황을 선출하는 비밀회의 콘클라베Conclave가 진행되는 곳으로 유명하다. 콘클라베는 교황 서거 또는 사임 후 15일~20일 이내 선거권을 가진 추기경이 모여 2/3 이상 득표자가 나올 때까지 계속된다. 투표 결과는 굴뚝 연기 색으로 알리는데, 검은색 연기는 교황이 선출되지 않았음을, 흰색 연기는 교황이 선출되었음을 뜻한다.

[천지창조]란 제목으로 널리 알려진 미켈란젤로 천장화는 몇 개 부분으로 나뉜다. 우선 중앙 9개 패널에는 창세기 내용이 들어있으며, 주변에 열두 예언자가 있다. 예언자 사이 세모꼴 면에는 예수 조상이, 꼭지 부분 큰 세모꼴 면에는 이스라엘 역사가 그려져 있다.

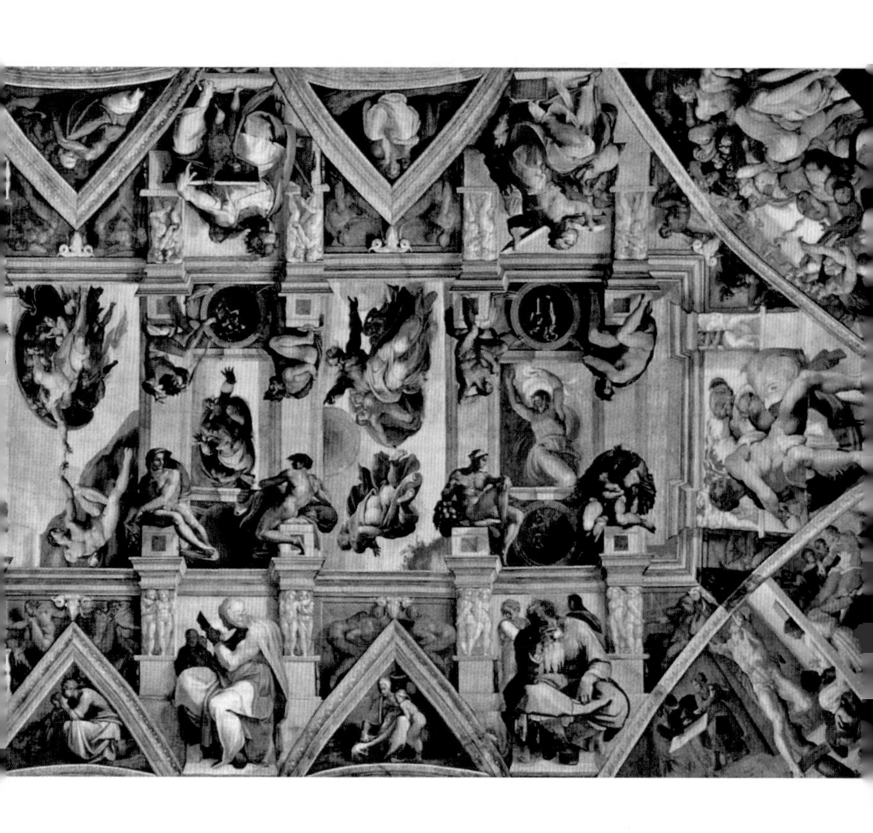

「창세기」를 담은 9개 패널은 우주 기원과 인간, 악에 관련해 세 부분으로 나눠 이해할 수 있다.
맨 아래쪽부터, 첫째 패널은 빛과 어둠 분리(창세기 1:1~5), 둘째 패널은 해와 달과 식물 창조(창세기 1:11~19), 셋째 패널은 물과 땅 분리(창세기 1:9~10), 넷째 패널은 우리에게 잘 알려진 아담 창조(창세기 1:26~27)다. 다섯째 패널은 이브 창조(창세기 2:18~25), 여섯째 패널은 원죄(창세기 3:1~13)와 에덴동산에서 추방(창세기 3:22~24), 일곱째 패널은 노아의 번제(창세기 8:15~20), 여덟째 패널은 홍수(창세기 6:5~8, 20), 아홉째 패널은 술 취한 노아(창세기 9:20~27)다. 일곱째와 여덟째 패널은 그림 크기 문제로 순서를 바꿔 그렸다.

빛과 어둠 분리

해와 달과 식물 창조

물과 땅 분리

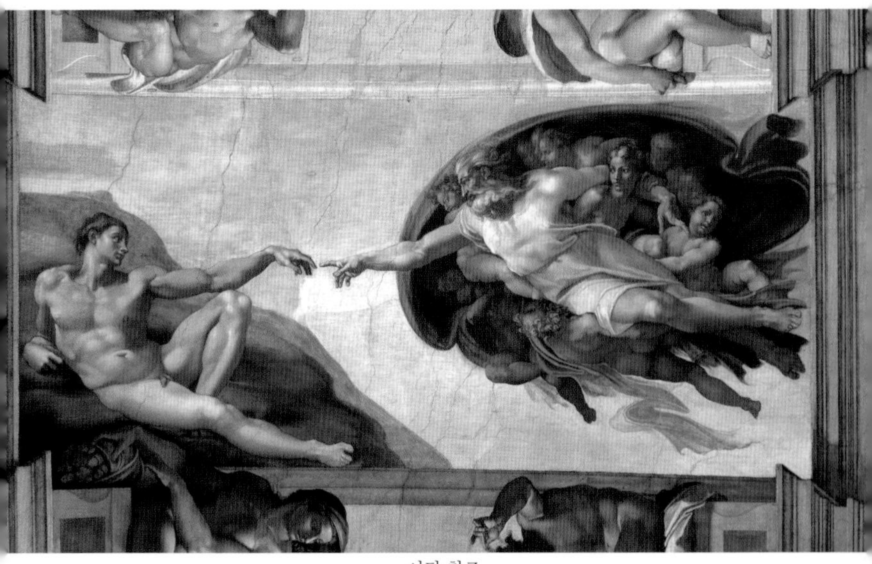

아담 창조

이브 창조

원죄와 에덴 동산에서 추방

노아의 번제

홍수

술 취한 노아

⑦
⑧
⑥
⑨
⑤
⑩
④
⑪
③
⑫
②
①

중앙 9개 패널 주변에는 열두 예언자가 배치되어 있다.
① 요나Giona는 구약성서 「요나서」 저자다. 하나님 명을 어기고 도망치다 폭풍우를 만나 바다에 빠져 물고기 배 속에서 3일 밤낮을 지낸 이야기로 유명하다.
미켈란젤로는 각지 유명한 시빌라Sibilla를 그려 넣었는데, 시빌라는 고대 시대 여자 예언자나 무녀를 일컫는 말이며, 아래 5명이다.
② 리비아 시빌라Sibilla Libica
④ 쿠마에 시빌라Sibilla Cumana
⑥ 델포이 시빌라Sibilla Delfica
⑨ 에리트레아 시빌라Sibilla Eritrea
⑪ 페르시아 시빌라Sibilla Persica
③ 다니엘Daniele은 구약성서 「다니엘서」에 기록된 인물이다. 바빌론Babylon에 포로로 잡혀갔지만 왕의 눈에 들어 바빌론과 바사(페르시아Persia) 왕국 고위 관리가 되었다. 그는 믿음을 지키기 위해 불의와 타협하지 않아 사자 굴에 던져지기도 하고 불구덩이에 놓이기도 하는 등 고초를 겪지만 그때마다 하나님 도움으로 살아났다.
⑤ 이사야Isaia는 구약 시대 위대한 예언자로, 구약성서 「이사야서」 저자다.
⑦ 스가랴Zaccaria는 구약 시대 예언자로, 구약성서 「스가랴서」의 저자다. 바빌론에서 포로 생활을 하다 돌아와 예루살렘 성전을 재건하는 데 힘을 쏟았다.
⑧ 요엘Gioele은 구약 시대 예언자로, 구약성서 「요엘서」 저자다.
⑩ 에스겔Ezechiele은 구약 시대 예언자로, 구약성서 「에스겔서」 저자다.
⑫ 예레미야Geremia는 구약 시대 대표적 예언자로, 구약성서 「예레미야서」 저자다.

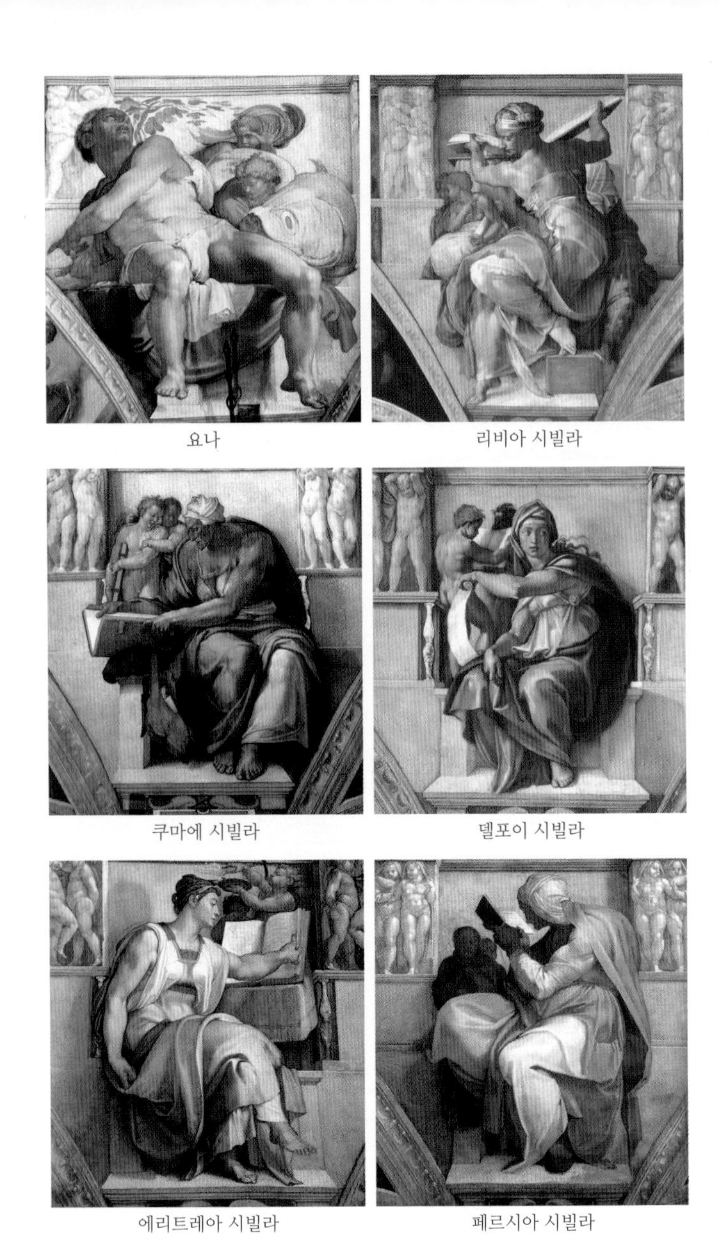

요나

리비아 시빌라

쿠마에 시빌라

델포이 시빌라

에리트레아 시빌라

페르시아 시빌라

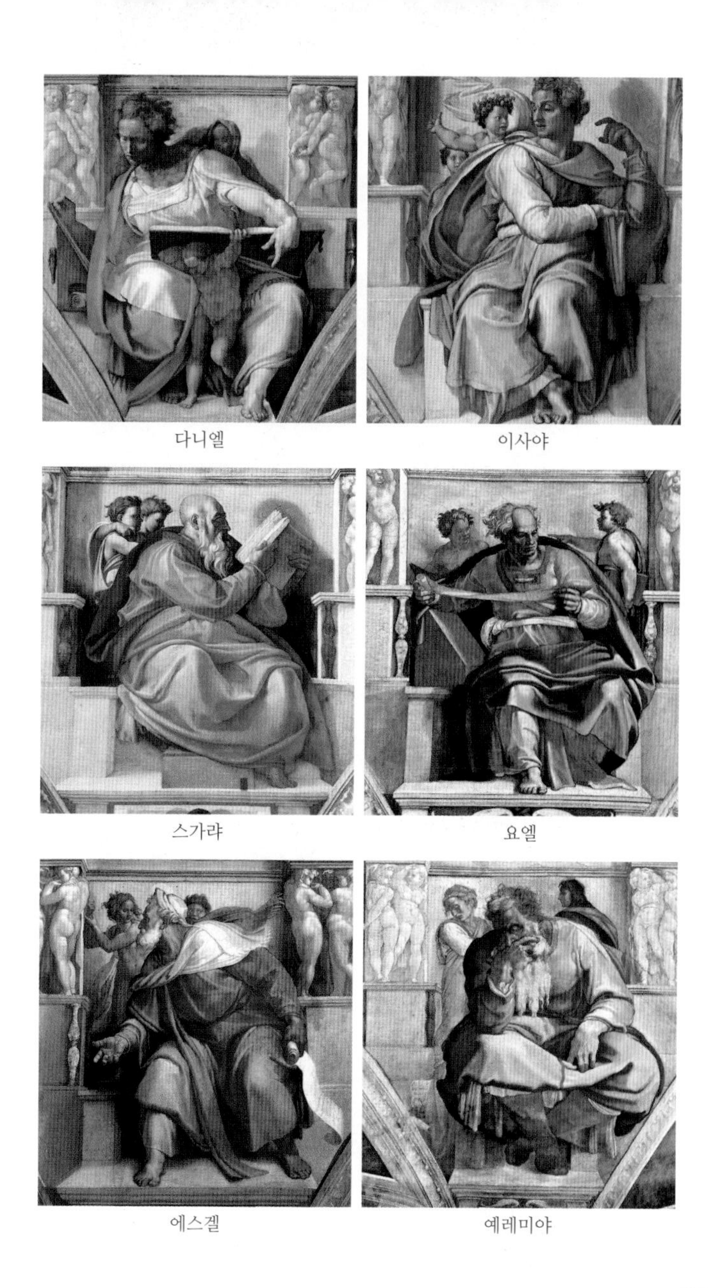

다니엘 이사야

스가랴 요엘

에스겔 예레미야

7
8
5
6
3
4
1
2

8개 세모꼴 그림은 예수 조상이다. 그림 속 인물 신원은 지금까지 의견이 분분하다.

① 살몬Salmon, 보아스Boaz, 오벳Obed

② 이새Jesse, 다윗David, 솔로몬Salomone

③ 르호보암Rehoboam, 아비야Abijah

④ 아사Asa, 여호사밧Jehoshaphat, 여호람Jehoram

⑤ 웃시야Uzziah, 요담Jotham, 아하스Ahaz

⑥ 히스기야Hezekiah, 므낫세Manasseh, 아몬Amon

⑦ 스룹바벨Zerubbabel, 아비훗Abihud, 엘리아김Eliakim

⑧ 요시야Josiah, 여고냐Jeconiah, 스알디엘Shealtiel

살몬, 보아스, 오벳

이새, 다윗, 솔로몬

르호보암, 아비야

아사, 여호사밧, 여호람

웃시야, 요담, 아하스

히스기야, 므낫세, 아몬

스룹바벨, 아비훗, 엘리아김

요시야, 여고냐, 스알디엘

④
③
①
②

4개 꼭지 그림은 이스라엘 백성 구원과 관련된 에피소드를 담고 있다.
① 구약성서 「에스더서」에 있는 내용이다. 구약 시대 바사 왕 아하수에로 Ahasuerus(흔히 헬라식 명칭 크세르크세스Xerxes로 알려져 있다) 때 고위 관직에 오른 하만Haman은 유다 민족을 말살하려 한다. 이에 하나님이 모르드개 Mordecai와 에스더를 통해 하만의 계획을 수포로 만드는데, 하만은 모르드개를 죽이려 만든 교수대에 자신이 처형당하고 만다.
② 구약성서 「민수기」에 기록된 내용이다. 이집트에서 탈출해 광야를 헤매던 이스라엘 백성은 하나님과 모세를 향해 불평한다. 하나님이 불뱀을 보내 이스라엘 백성을 벌하자, 모세로 하여금 하나님에게 간청하여 불뱀을 물리쳐 달라고 요청한다. 모세가 기도 중 청동 뱀을 장대에 매달아 뱀에 물렸을 때 그것을 보면 나을 것이라는 말을 듣자, 이를 따른 백성은 모두 살게 되었다.
③ 구약성서 외경 「유디트기」에 기록된 내용이다. 과부 유디트는 베툴리아를 침략한 아시리아 장군 홀로페르네스를 유인하여 그의 목을 잘라 이스라엘 민족을 구하였다.
④ 구약성서의 유명한 일화 중 하나인 다윗과 골리앗의 싸움이다.

하만의 형벌

모세의 청동 뱀

유디트와 홀로페르네스

다윗과 골리앗

미켈란젤로 [최후의 심판Il Giudizio Universale]

[최후의 심판]은 건장한 청년 예수를 중심으로 구성되어 있다.
예수 옆에 성모 마리아가 있고, 천사들이 예수가 못 박혔던 십자가와 가시 면류관, 채찍질 당할 때 묶였던 기둥을 천국으로 운반하고 있다. 예수 왼쪽에 베드로가 황금 열쇠를 들고 서 있으며, 예수 왼발 아래 작은 칼과 사람 가죽을 들고 있는 이는 바르톨로메오Bartolomeo다. 그는 살가죽이 벗겨지는 고문을 당했다. 미켈란젤로는 바르톨로메오가 들고 있는 가죽에 자기 얼굴을 그려 넣었다.
그 아래쪽에는 천사가 긴 나팔을 불어 죽은 자를 깨우고 있으며, 천국 명부와 지옥 명부를 들고 있다. 작은 책이 천국 명부, 큰 책은 지옥 명부다. 지옥에 가는 사람이 천국 가는 사람보다 많다는 의미로 크게 그렸다.
오른쪽 아랫부분에 지옥으로 향하는 자를 심판관 미노스Minosse에게 데리고 가는 뱃사공 카론Caronte이 있다. 미노스 얼굴에 교황 의전 담당관이던 비아지오 다 체세나Biagio da Cesena를 그려 넣었는데, 그는 [최후의 심판]에 너무 많은 누드가 있어 선술집에나 어울릴만한 작품이라고 비난했던 사람이다.
끊임없이 논란을 불러왔던 [최후의 심판] 누드 문제는 1564년 트렌트 공의회에서 인물의 외설스런 부분이 가려져야 한다고 결정됨에 따라 다니엘레 다 볼테라Daniele da Volterra가 누드 인물의 중요 부분을 가렸다.

♣ 주소 : Viale Vaticano

산탄젤로성
Castel Sant'Angelo

요새처럼 보이는 산탄젤로성은 황제 하드리아누스가 자신과 가족 유골을 보관하기 위해 지은 영묘(하드리아네움Hadrianeum)로, 그가 직접 디자인했으며 황제 안토니누스 피우스가 완성하였다. 하드리아누스부터 카라칼라까지 묻혔다. 로마 제국이 멸망하면서 영묘 기능은 사라졌으며, 교황 니콜라오 3세Nicolaus III 때 바티칸 시국과 산탄젤로성을 연결하는 성벽을 개조해 800m 비밀 통로 파세토 디 보르고Passetto di Borgo를 만들었다. 바티칸이 침략당할 때마다 많은 성직자가 이 비밀 통로로 목숨을 구했다.
산탄젤로성 위에 오르면 성 베드로 대성당에서 비토리오 에마누엘레 2세 기념관까지 펼쳐지는 파노라마 뷰를 볼 수 있다.

Galaxy S7 edge | S7

산탄젤로성 위에 서 있는 청동 조각상은 대천사 미카엘Michael이다. 교황 그레고리오 1세Gregorio I 때 전염병이 돌아 많은 사람이 희생되었는데, 그레고리오 1세가 미카엘이 성 위에 서서 들고 있던 칼을 칼집에 넣는 꿈을 꾼 후 전염병이 더는 퍼지지 않았다고 한다. 이를 기리기 위해 1536년 라파엘로 다 몬텔루포Raffaello Da Montelupo가 제작한 대리석 천사상을 설치하였다. 지금 청동상은 1753년 페테르 안톤 폰 베르샤펠트Peter Anton von Verschaffelt가 제작한 것이다. 원래 대리석상은 산탄젤로성 뜰 안에 있다. 그레고리오 1세는 성과 다리에 "성 천사"라는 뜻의 산탄젤로라는 이름을 붙였고, 이후 산탄젤로성이라 불리게 되었다.

산탄젤로성에서 또 하나의 볼거리는 산탄젤로 다리Ponte Sant'Angelo다. 이 다리는 하드리아누스가 로마 중심부와 자기 영묘를 연결하려고 만들었다. 다리 양쪽 난간 천사상은 교황 클레멘테 9세Clemente IX가 베르니니에게 의뢰해 제작된 것이다. 총 10개 천사상 중 8개 천사상은 베르니니가 직접 선정한 예술가 8명이 작업했으며, 가시 면류관을 든 천사상과 INRI(IESVS·NAZARENVS·REX·IVDÆORVM. "유대인 왕 나사렛 예수"란 뜻. 예수가 십자가에 달릴 때 죄목 푯말로 본디오 빌라도Pontius Pilate가 붙인 것이다)라고 새겨진 두루마리를 든 천사상만 베르니니가 직접 만들었다. 원본은 산탄드레아 델레 프라테 성당Basilica di Sant'Andrea delle Fratte에 있다.

산탄드레아 델레 프라테 성당에 있는 베르니니의 천사상

♣ 주소 : Lungotevere Castello, 50

산 조반니 인 라테라노 대성당
Basilica di San Giovanni in Laterano

로마 중심부로부터 떨어져 있어 방문 코스에서 배제되는 경우가 많은 이 성당은 로마 4대 성당 중 가장 오래된 곳으로, 모든 성당의 어머니격에 해당한다. 선출된 교황이 제일 먼저 방문하여 미사를 집전하는 성당이다. 보통 '라테라노 대성당'이라 부르지만, 공식 명칭은 '라테라노의 지극히 거룩하신 구세주와 성 요한 세례자와 성 요한 복음사가 대성당'이다. 이 성당은 콘스탄티누스 황제가 지은 세계 최초 성당인데, 지진과 화재로 옛 모습은 남아 있지 않다. 지금 모습은 여러 차례 재건을 통해 이루어진 것이다. 1309년 교황청이 프랑스 아비뇽으로 옮겨지는 아비뇽 유수 전까지 교황 거처로 사용되었다.

SACROS·LATERAN·ECCLES·
OMNIVM VRBIS ET ORBIS
ECCLESIARVM MATER
ET CAPVT
CLEMENS·XII·PONT·MAX·ANNO·V
CHRISTO·SALVATORI
IN·HON·SS·IOAN·BAPT·ET·EV

성당 중앙 입구에 라틴어로 '전 세계 모든 어머니이자 머리인 지극히 거룩한 라테라노 성당Sacrosancta Lateranensis ecclesia omnium urbis et orbis ecclesiarum mater et caput'이라 새겨진 명문이 있다.
외관은 1732년~1735년 알레산드로 갈릴레이Alessandro Galilei에 의해 완성되었다. 성당 위 조각상은 십자가를 들고 있는 예수와 제자들, 그리고 교회 박사들이다.

라테라노 성당 내 정원

회랑 왼쪽 끝에는 성당을 세운 콘스탄티누스 황제 동상이 있다. 이 성당에도 25년 주기 성년마다 열리는 거룩한 문이 맨 왼쪽에 자리하고 있으며, 문에 조각된 예수 부조의 발은 사람 손길로 벗겨져 있다. 중앙 청동 문은 로마 공회당 원로원에서 사용하던 것을 옮겨온 것이다. 성당 내부는 교황 이노센트 10세Innocenzo X 의뢰로 프란체스코 보로미니가 완성하였다. 성당 안 열두 제자 조각상은 보로미니가 완성해 놓은 벽에 공모전을 통해 선정된 조각가들이 만들어 세운 것이다.

창을 들고 있는 조각상은 다대오Giuda Taddeo(유다)다. 전도 활동 중 페르시아에서 창에 찔려 순교하였다.

율법책과 톱을 들고 있는 조각상은 시몬Simone il Cananeo이다. 페르시아에서 톱에 잘려 순교하였다.

돈 자루를 밟고 책을 펴든 조각상은 세리였던 마태오다. 신약성서 「마태복음」을 저술하였다.

칼과 벗겨진 가죽을 들고 있는 조각상은 바르톨로메오다. 칼로 살가죽이 벗겨져 순교하였다.

십자가를 들고 용을 밟은 조각상은 빌립보다. 전도 여행 중 고대 스키티아 Scythia(우크라이나 남부. 흑해 해안 북쪽 지역)의 마르스 신전에 살던 용을 물리친 일화가 있다.

방망이를 들고 있는 조각상은 알패오의 아들 (소)야고보다. 신약성서 「야고보서」를 저술하였고(성경에 야고보라는 이름이 여럿 등장하는데, 이에 따른 「야고보서」 저자 논란이 있다. 예수 동생인 야고보가 저자라는 것이다. 교파마다 다르지만 가톨릭에서는 두 인물이 동일인이라고 본다), 전도 활동 중 방망이에 맞아 순교하였다.

직각자를 들고 있는 조각상은 도마다. 그는 예수를 만나기 전에는 부활을 믿지 않겠다고 하여 부활한 예수가 나타나 손바닥과 옆구리를 만져보게 하였다. 도마가 직각자를 들고 있는 이유는 그가 인도에서 전도 중 목수로 일했기 때문이다.

독수리와 함께 있는 조각상은 요한이다. 신약성서 「요한복음」, 「요한일서」, 「요한이서」, 「요한삼서」, 「요한 계시록」을 저술하였다. 독수리 조각상은 「요한복음」을 상징하는 것이라고 한다.

지팡이를 들고 있는 조각상은 사도 요한의 형인 (대)야고보다. 사도 가운데 최초 순교자다.

X자형 십자가에 기대고 있는 조각상은 베드로의 동생 안드레아다. 그리스에서 X자형 십자가에 매달려 순교하였다.

책과 칼을 들고 있는 조각상은 바오로다. 바오로는 목이 잘려 순교하였다.

손에 열쇠를 들고 있는 조각상은 베드로다. 열쇠는 천국 열쇠를 의미한다. 성인과 함께 조각된 상징물은 다른 성화나 조각에도 같게 적용되는 것이어서 상징물을 통해 그 성인이 누구인지 알 수 있다.

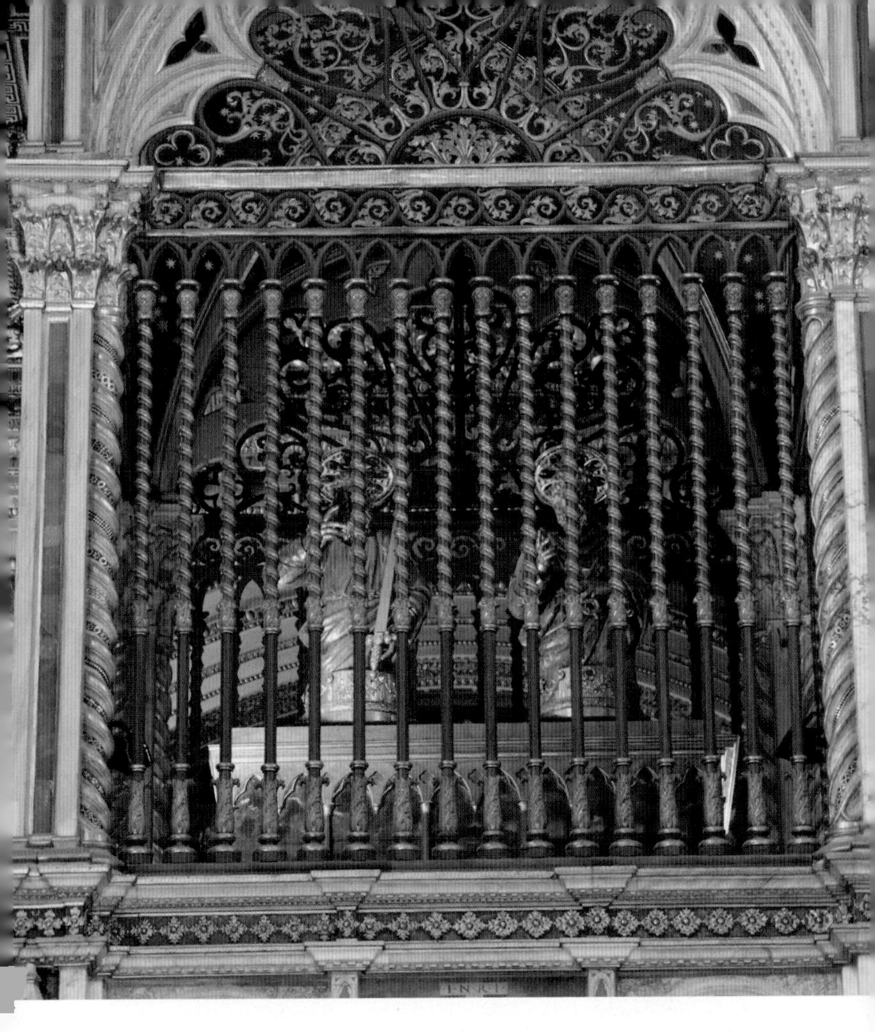

중앙 제대 발다키노 위에는 은으로 만든 베드로와 바오로 흉상이 있는데,
그 안에 베드로와 바오로 두개골이 있다고 한다.

중앙 제대 뒤에 예수와 제자들이 최후의 만찬 때 사용했던 테이블 일부가 보관되어 있다고 한다.

제대 아래 교황 마르티노 5세Martino V 무덤이 있다. 그는 교황직과 교황령을 강화하는데 큰 공을 세웠다.

산 조반니 인 라테라노 대성당이 산 피에트로 대성당보다 우위에 있는 것은 로마 교구를 주관하는 교황의 의자가 이 성당에 있기 때문이다. 새로 선출된 교황이 즉위식을 올린 후 제일 먼저 하는 일이 이 교황 의자에 앉아 미사 드리는 것임을 보면 알 수 있다.

라테라노 대성당에 가면 방문해야 할 곳이 한 군데 더 있다. 성당을 나와 도로를 건너야 해 지나칠 수 있지만 꼭 한 번 들를 것을 권한다.
예수가 재판받으려고 본디오 빌라도에게 갈 때 밟았다는 계단, '거룩한 계단Scala Sancta'이 있다. 성녀 헬레나가 예루살렘에서 로마로 가져와 라테라노 궁전에 설치했던 것을 교황 식스토 5세 때 건축가 도메니코 폰타나가 이곳으로 옮겼다. 나무로 된 28계단에 대리석을 덧씌운 것으로 마모를 방지하기 위해 나무 덮개가 씌워져 있다. 순례자와 신자는 예수가 겪었던 고난을 나누는 의미로 무릎 꿇고 한 계단씩 올라간다.
2019년 4월, 복원을 거쳐 300년 만에 한시적으로(4월 11일~6월 9일) 계단 원형이 공개되었다.

♣ 주소 : Piazza di S. Giovanni in Laterano, 4

산 파올로 푸오리 레 무라 대성당
Basilica Papale di San Paolo Fuori le Mura

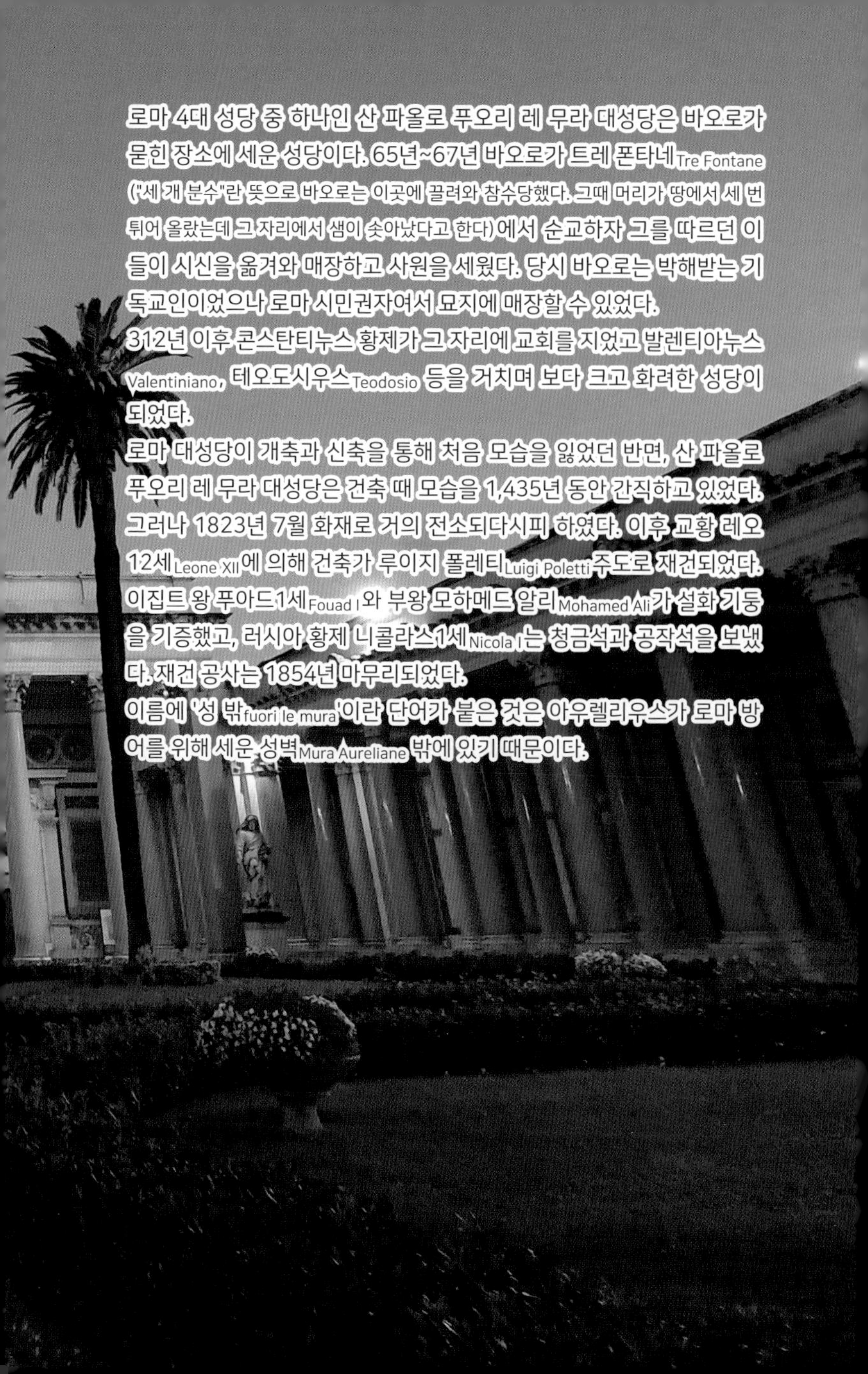

로마 4대 성당 중 하나인 산 파올로 푸오리 레 무라 대성당은 바오로가 묻힌 장소에 세운 성당이다. 65년~67년 바오로가 트레 폰타네Tre Fontane ("세 개 분수"란 뜻으로 바오로는 이곳에 끌려와 참수당했다. 그때 머리가 땅에서 세 번 튀어 올랐는데 그 자리에서 샘이 솟아났다고 한다)에서 순교하자 그를 따르던 이들이 시신을 옮겨와 매장하고 사원을 세웠다. 당시 바오로는 박해받는 기독교인이었으나 로마 시민권자여서 묘지에 매장할 수 있었다.
312년 이후 콘스탄티누스 황제가 그 자리에 교회를 지었고 발렌티아누스Valentiniano, 테오도시우스Teodosio 등을 거치며 보다 크고 화려한 성당이 되었다.
로마 대성당이 개축과 신축을 통해 처음 모습을 잃었던 반면, 산 파올로 푸오리 레 무라 대성당은 건축 때 모습을 1,435년 동안 간직하고 있었다. 그러나 1823년 7월 화재로 거의 전소되다시피 하였다. 이후 교황 레오 12세Leone XII에 의해 건축가 루이지 폴레티Luigi Poletti주도로 재건되었다. 이집트 왕 푸아드1세Fouad I와 부왕 모하메드 알리Mohamed Ali가 설화 기둥을 기증했고, 러시아 황제 니콜라스1세Nicola I는 청금석과 공작석을 보냈다. 재건 공사는 1854년 마무리되었다.
이름에 '성 밖fuori le mura'이란 단어가 붙은 것은 아우렐리우스가 로마 방어를 위해 세운 성벽Mura Aureliane 밖에 있기 때문이다.

본당은 넓고 화려하다. 중앙 개선문Arco Trionfale 지나 제단 뒤 반월형 후진後陣, apse에는 예수와 제자들 모자이크가 있다. 가운데 그리스도 양쪽으로 누가, 바울, 베드로와 안드레아가 있고, 그 아래 두 천사 옆에 나머지 제자들이 있다.

제단 앞 양옆에 베드로와 바오로상이 있다.

본당 양옆 웅장하게 늘어선 기둥이 압도적인 측랑은, 이 성당이 개축 전의 산 피에트로 대성당보다 컸음을 보여준다. 산 파올로 푸오리 레 무라 대성당은 다른 성당과 달리 측랑 벽면에 만든 예배당이 없다.

본당 양쪽 익랑翼廊,Transetto이다.

제단 치보리오는 아르놀포 디 캄비오가 제작했다.

SA HAGUS
SA PAVLI

바오로 유해가 있을 것으로 추정되는 중앙 제단 앞 무덤이다. 철조망 안에 무덤이 있으며, 바닥에 설치된 유리를 통해 콘스탄티누스 시대 성당 유적을 볼 수 있다. 바오로를 묶었던 사슬도 유리관에 보관되어 있다.
2006년 바티칸 발굴단은 바오로로 추정되는 석관을 발견했다고 발표했는데, 사실 성당 재건 당시 이미 발굴된 바 있다. 석관 비문에 '순교한 사도 바울'이라 쓰여있었지만, 목록에 언급조차 되지 않았었다. 과연 바오로 석관인지 확인하기 위해 열 것인지 말 것인지를 두고 논의만 계속하고 있다.

본당 기둥 위쪽으로 역대 교황 초상이 걸려 있다. 현 교황인 프란체스코 Papa Francesco 초상에는 따로 조명이 들어와 있다.

성당 안에 있는 박물관이다.

성당 부속 베네딕트 수도원 안뜰 회랑Chiostro과 성당 안 고고학 지역이다.
4유로의 입장료가 있다.

폴레티가 디자인하고 굴리엘모 칼데리니Guglielmo Calderini가 만든 사각 회랑Quadriportico 안뜰에 주세페 오비치Giuseppe Obici가 제작한 바오로 석상이 세워져 있다.

중앙 문과 성스러운 문이다. 중앙 문 가운데 십자가 문양에 포도 넝쿨과 사도가 장식되어 있으며 왼쪽 문짝에는 베드로 이야기, 오른쪽 문짝에는 바오로 이야기가 조각되어 있다. 1931년 안토니오 마라이니Antonio Maraini 가 제작했다. 성스러운 문은 성년에만 열린다.

폴레티의 디자인으로 1860년 완성된 종탑이다.

성당 옆에 넓고 한적한 공원이 있어 쉬어가기 좋다. 산 파올로 푸오리 레 무라 대성당은 로마 중심지에서 떨어져 있지만, 산 피에트로 대성당 다음으로 큰 성당이므로 찾아가 볼 만하다.

♣ 주소 : Piazzale San Paolo, 1

로마의 숨은 매력 찾기

로마는 유적지가 많아 볼 것이 차고 넘치는 곳이다. 반면 여기저기 가득 메운 관광객으로 인해 이면을 보기가 쉽지 않다. 로마의 숨은 매력을 찾고 싶다면 골목에 들어가 보는 것도 좋고, 재래시장에 가 보는 것도 좋다.
골목과 시장에는 현지인의 생활 모습과 이국적인 멋이 공존한다. 다국적 관광객 틈에서 벗어나 여유롭게 즐길 시간을 주는 곳이기도 하다.
로마를 색다르게 즐기는 또 다른 방법은 이른 아침 스페인 광장, 나보나 광장, 트레비 분수 등 마음에 들었던 명소를 다시 찾는 것이다. 관광객 없는 사진을 찍을 수 있다.
겉으로 드러나지 않는 로마의 매력을 느낄 수 있도록 몇 곳을 소개한다.

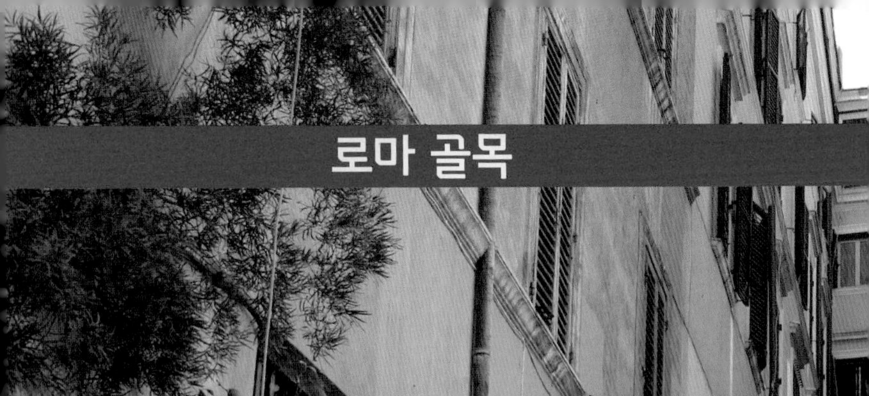

로마 골목

로마 골목은 저마다 특색을 지니고 있다. 화려하지 않더라도 발길을 멈추게 하는, 소소하지만 매력 있는 골목을 둘러보자.

비아 마르구타
Via Margutta

거리 이름을 이야기할 때마다 나오는 비아 Via는 "길(도로)"을 뜻한다. 스페인 광장과 포폴로 광장 사이 뒷골목인 비아 마르구타는 영화 <로마의 휴일>과 <로마 위드 러브 To Rome with Love, 2012>에 나왔던 곳이다. 골목을 들어서는 순간 스페인 광장과 포폴로 광장에서 느꼈던 혼잡함이나 시끄러움은 사라지고, 한적한 동네에 왔다는 느낌을 받게 된다. 길지 않은 골목에 갤러리, 레스토랑과 상점이 있다. 담쟁이덩굴과 나무가 무성한 골목길이 바쁘게 달려온 여행에서 한숨 돌릴 여유를 준다.

♣ 주소 : Via Margutta

몬티 지구
Rione Monti

로마의 오래된 것과 새로운 것, 그리고 고전적이면서 세련된 분위기를 느끼고 싶다면 몬티 지구를 추천한다. 보통 몬티 지구는 베네치아 광장과 산타 마리아 마조레 대성당, 콜로세움을 이으면 생기는 삼각 지역을 말한다. 빈티지 상점과 레스토랑이 즐비한, 멋스러운 동네다.
산타 마리아 마조레 대성당 뒤쪽 비아 나지오날레Via Nazionale와 비아 조반니 란자Via Giovanni Lanza 사이 골목에는 소소한 재미가 곳곳에 숨어 있다. 아트 갤러리와 와인 바 그리고 작은 카페와 상점이 발걸음을 쉬지 않게 만든다. 건물마다 펼쳐져 있는 담쟁이덩굴이 이색적이고 이국적인 정취를 만드는 데 한몫한다.

♣ 주소 : Piazza della Madonna dei Monti

비아 카보우르
Via Cavour

왼쪽 사진은 미켈란젤로의 걸작 [모세]가 있는 산 피에트로 인 빈콜리 성당으로 가는 길목에서 만날 수 있는 풍경이다. 건물을 가로지르는 터널이 마법 세상으로 들어가는 입구처럼 느껴진다.
비아 카보우르는 산타 마리아 마조레 대성당과 콜로세움 사이에 있으며, 몬티 지구에 있는 여러 거리 중 하나다. 비아 카보우르뿐 아니라 몬티 지구 골목을 걷다 보면 현지인 일상을 엿볼 수 있다.

♣ 주소 : Via Cavour, 256/A 건물 옆 계단

비아 파니스페르나
Via Panisperna

몬티 지구에 속한 비아 파니스페르나는 산타 마리아 마조레 대성당 야경을 운치 있게 볼 수 있는 곳이다. 경사진 골목길과 어우러진 성당 모습이 이색적이며, 유적과 일상이 공존하는 로마를 담고 있어 매력적이다.

♣ 주소 : Via Panisperna, 255 주변

트라스테베레 Trastevere

온종일 관광지만 돌아다녔다면, 저녁에는 현지인이 많이 모이는 곳에 가 보는 건 어떨까? 트라스테베레는 테베레강 건너에 있는 지역으로 현지인이 사는 모습을 좀 더 가깝게 볼 수 있는 곳이다. 관광지보다 조금이라도 저렴한 가격에 맛있는 음식을 먹을 수 있고, 대학이 있어 젊은이가 많이 모인다. 서민 느낌이 물씬 묻어나는 곳이다.
시스토 다리Ponte Sisto를 건너면 작은 트릴루사 광장Piazza Trilussa 계단에 삼삼오오 모여있는 사람을 발견할 수 있다. 그 광장 옆 골목골목 작은 상점과 저녁을 즐기러 나온 이의 자유로운 모습을 보는 것만으로도 기분이 좋아질 것이다.

산타 마리아 인 트라스테베레 성당
Basilica di Santa Maria in Trastevere

땅에서 기름이 솟아오르자 그리스도 은총으로 생각해 그 자리에 세운 로마네스크 양식 성당이다. '기름 샘Fons Olei'이라 불린 그곳은 주점이었으며, 히에로니무스 연대기에도 언급되어 있다. 교황 칼리스토 1세Callisto I가 건축을 시작해 줄리오 1세Giulio I 때 완성되었고, 이후 여러 교황이 꾸준히 보수하고 재건하였다. 이름에서 알 수 있듯 이 성당은 성모 마리아에게 봉헌되었는데, 최초의 마리아 봉헌 성당이라는 타이틀을 두고 산타 마리아 마조레 대성당과 이견이 있다. 4세기경 건립되어 12세기에 재건된 산타 마리아 인 트라스테베레 성당은 로마에 세워진 최초 성당 가운데 하나로 내부 모자이크 장식이 상당히 아름답다.

광장 분수는 로마에서 가장 오래된 분수 중 하나로 카를로 폰타나Carlo Fontana가 현재 모습을 완성하였다.

♣ 주소 : Piazza di Santa Maria in Trastevere

산타 체칠리아 인 트라스테베레 성당
Basilica di Santa Cecilia in Trastevere

박해받다 순교한 성녀 체칠리아에게 봉헌된 성당으로, 체칠리아 생가가 있는 곳에 세워졌다고 전해진다. 체칠리아는 음악의 수호성인이다. 그 이름을 딴 스페인 광장 근처 산타 체칠리아 음악원Conservatorio di Musica Santa Cecilia은 세계적으로 유명한 음악 산실이다.

제단 앞 조각은 스테파노 마데르노Stefano Maderno의 [성 체칠리아]다. 바로크 대표 조각 작품 중 하나로 평가받는다.
독실했던 체칠리아는 남편과 함께 순교자 장례를 은밀히 치르다 발각되어 참수형에 처했지만, 목에 상처만 생기고 멀쩡했다. 그러나 상처에서 피가 흘러 사흘 만에 숨을 거두고 말았다. 체칠리아는 마지막 순간까지 찬양을 멈추지 않았다. 이것이 그가 음악의 수호성인이 된 까닭이다.
1599년 칼리스토 카타콤베Catacombe di San Callisto에 있던 유해를 성당으로 이장하기 위해 뚜껑을 열었는데, 순교 당시 모습 그대로 보존되어 있었다고 한다. 마데르노는 그때 모습을 조각했다. 조각상 목에 상처 자국이 표현되어 있다.

♣ 주소 : Piazza di Santa Cecilia, 22

재래시장

여행의 묘미 중 하나가 특색 있는 지역 음식과 산지에서 재배되고 수확된 농산물을 접할 수 있다는 것이다. 재래시장에 가면 이 두 가지를 모두 충족할 수 있을 뿐 아니라, 현지인 일상과 정감을 느낄 수 있다.

캄포 데 피오리 시장
Mercato di Campo de' Fiori

로마 시내에서 편하게 갈 수 있는 재래시장으로 캄포 데 피오리 광장에서 열리는 시장이 있다. 캄포 데 피오리는 "꽃의 들판"이란 뜻이며, 작은 꽃 시장도 같이 있다. 시장은 아침 일찍 시작해 오후 2시면 철수한다.
저녁에는 카페와 레스토랑이 문을 열고, 어스름한 광장을 즐기기 위해 사람이 모여든다.

♣ 주소 : Piazza Campo de' Fiori

메르카토 트리온팔레
Mercato Trionfale

트리온팔레 시장은 800년 말 줄리오 체사레 거리Viale Giulio Cesare에 생긴 로마 최초 시장으로, 이탈리아뿐 아니라 유럽에서도 규모가 큰 시장이다. 2009년 3월 지금 모습으로 새롭게 단장하였으며, 200개가 넘는 점포가 있다. 시장 안 작은 카페에서 에스프레소를 마시거나 시장에서 산 과일을 먹는 것도 색다른 재미다.

♣ 주소 : Via Andrea Doria, 00192

메르카토 디 테스타치오
Mercato di Testaccio

테스타치오 지역에 있는 재래시장이다. 2012년 현재 모습으로 새롭게 단장하였다. 이곳은 다른 시장보다 먹을거리가 많은 편이다. 시장 내외부에 가게에서 산 음식을 먹을 수 있는 테이블과 의자가 놓여 있어 간단하게 요기하기 좋다.

♣ 주소 : Via Aldo Manuzio, 66b

로마 농산물 직거래 장터
Mercato agricolo a vendita diretta Roma

재래시장 대부분은 일요일에 열지 않는다. 일요일 여는 시장을 찾는다면 이곳을 추천한다. 토요일과 일요일 오전 8시부터 오후 3시까지 영업하며, 생산자와 소비자가 직접 만나는 직거래 시장이다. '진실의 입'이 있는 산타 마리아 인 코스메딘 성당 뒤쪽에 있다. 접근성이 좋은 편은 아니나, 추천하고 싶은 시장 중 하나다.

♣ 주소 : Via di S. Teodoro, 74

이른 아침에 만나는 로마 모습

해 뜨기 전 이른 아침 로마는 관광지가 아닌 일상 속 모습을 하고 있다. 아침을 바쁘게 여는 청소부, 출근하는 직장인, 운동 나온 사람 등 관광객에 가려져 있던 현지인을 마주할 수 있다.
그뿐 아니라, 인상 깊었던 명소를 여유롭게 즐길 수 있는 시간이기도 하다. 관광객에 치여 제대로 느끼지 못했던 장소가 있다면 이른 아침에 다시 방문해 보기를 권한다.

젤라토 맛집

이탈리아에 가면 꼭 먹어 봐야 하는 것이 젤라토다. 아이스크림ice cream보다 가볍고 셔벗sherbet보다 깊은 맛의 젤라토는 미묘한 매력덩어리다. 이탈리아에서 젤라토를 먹어 보지 않는다면 그 여행은 반쪽짜리라 말하고 싶다.

거리를 걷다 보면 우리나라 편의점만큼이나 자주 볼 수 있는 게 젤라토 가게인 젤라테리아Gelateria다. 인터넷이나 여행 서적에 자주 소개되는 젤라테리아 중 정말 괜찮은 곳도 있었지만, 한 입 먹고 실망했던 곳도 있었다.

수많은 젤라테리아 가운데 애써 찾아가 볼 만한 곳을 소개한다.

졸리티
Giolitti

로마에 오면 제일 먼저 들르는 곳이자 로마를 떠날 때까지 찾는 곳이다. 젤라토 입문자는 꼭 가봐야 하는 가게다. 늘 손님으로 북적여 오래 기다리기도 하지만 반드시 맛봐야 하는 집이다. 젤라토의 정석이라 말하고 싶다. 1900년부터 시작해 120년이 훌쩍 넘었다. 꼭 먹어 봐야 하는 맛은 쌀로 만든 리조Riso와 수박으로 만든 앙구리아Anguria다. 특히 앙구리아는 여름에만 나온다. 색색이 다양하게 진열된 젤라토 가운데 어떤 맛을 고르더라도 실패는 없을 것이다.

♣ 주소 : Via degli Uffici del Vicario, 40

젤라테리아 라 로마나
Gelateria La Romana

현지인에게 인기 있는 곳으로 크리미한 맛을 보여준다. 한마디로 젤라토와 아이스크림의 장점을 접목했다고 할 수 있다. 1947년 시작해 이탈리아 여러 지역과 스페인 등에도 매장을 두고 있다. 로마 시내 매장이 많지 않아 쉽게 찾을 수 없지만 테르미니역과 포폴로 광장 근처를 방문한다면 들러 보기를 추천한다.

♣ 주소 : Via Venti Settembre 60 (테르미니 역 주변)
Via Cola Di Rienzo 2 (포폴로 광장 주변)
Via Magnagrecia 47A (라테라노 대성당 근처)

벵키
Venchi

1878년 실비아노 벵키Silviano Venchi가 설립한 프리미엄 초콜릿 회사다. 캐러멜 처리한 헤이즐넛에 다크 초콜릿을 입힌 누가틴Nougatine이 인기를 끌며 성장했다. 2007년 젤라토를 정식 출시했다. 벵키 젤라토는 프랜차이즈스러운 맛이 나긴 하지만 어떤 것은 상당한 풍미를 보인다. 초콜릿 회사답게 벽 한 면을 초콜릿이 흘러내리는 것처럼 인테리어한 점도 재미있다.

♣ 주소 : Piazza dei Cinquecento (테르미니역)
Via della Croce, 25/26 (스페인 광장 근처)
Via del Corso, 335 (트레비 분수 주변)
Via degli Orfani, 87 (판테온 근처)

커피 맛집

이탈리아에서 젤라토보다 자주 접하게 되는 것이 커피coffee, caffè다. 어느 카페를 들어가더라도 상향 평준화된 맛을 내는 커피는 이탈리아인의 자부심이라 할만하다.
이탈리아인은 바bar에 서서 간단하게 커피를 즐기다 보니, 앉는 공간이 대부분 협소하다. 앉아서 마실 때 자릿세를 따로 받는 곳도 있기에 바에서 마시는 커피와 자리에 앉아 마시는 커피 가격에 차이가 있을 수 있다. 작은 카페일 경우 먼저 계산하고 바로 커피를 받지만, 조금 큰 카페라면 카운터에서 계산한 영수증을 바에 있는 바리스타barista에게 보여준 후 커피를 받는 게 보통이다.
이탈리아인은 카푸치노Cappuccino처럼 우유가 들어간 커피는 주로 아침에 마시고 이후로는 거의 에스프레소Espresso다. 에스프레소를 시키면 봉지 설탕이 같이 나오는데 설탕 없이 에스프레소를 마신다면 오롯이 쓴맛에 당황할 수 있다. 이탈리아인도 설탕 한 봉지를 다 털어 넣은 후 잘 저어 마신다. 쓴맛 단맛이 어우러진 에스프레소는 은근한 묘미가 있다. 물론 에스프레소만의 진한 맛을 경험해 보는 것도 괜찮다. 커피를 마실 때 바리스타에게 물을 요청하면 작은 컵에 따라준다.
그동안 로마를 여행하며 방문했던 카페 가운데 일부러라도 찾을 만한 곳을 소개한다.

타짜 도로
La Casa del Caffè Tazza d'Oro

부드러우면서 강렬한 에스프레소가 인상적인 타짜 도로는 매우 유명한 카페다. 판테온 근처에 있어 현지인과 관광객으로 항상 붐비지만, 사람들 틈에 끼어 긴 바에서 마시는 에스프레소 맛을 잊기 힘들다. 워낙 많은 사람이 오가는 곳이다 보니 여유는 부족하나, 이탈리아인처럼 가볍게 즐기는 커피 한 잔은 여행 피로감을 날리기에 충분하다.

BEANS
GROUND
La Regina Dei Caffè
AL PANTHEON
LA CASA DEL CAFFE
AL PANTHEON
"Aroma di Roma"

직접 로스팅한 원두도 판매하고 있다. 매장에서 사 온 원두로 커피를 내리면 타짜 도로 특유의 로스팅과 블렌딩 노하우에 감탄하게 된다.
색다른 커피를 맛보고 싶다면 그라니타 디 카페 콘 파나Granita di Caffè를 추천한다. 타짜 도로는 다른 카페보다 일찍 문 닫기 때문에 저녁에는 시간을 확인하고 방문하는 편이 낫다.

♣ 주소 : Via degli Orfani, 84

안티코 카페 그레코
Antico Caffè Greco

스페인 광장 앞 콘도티 거리에 있는 안티코 카페 그레코는 1760년 문을 연, 로마에서 가장 오래된 카페다. 이탈리아 문화재로 지정된 곳이기도 하다. 카사노바, 괴테, 바이런, 스탕달, 안데르센, 멘델스존, 바그너, 리스트 등 수많은 예술가가 사랑했던 카페다. 벽면에 카페 역사를 이야기해 주는 예술가 사진, 글, 그림이 걸려있어 작은 박물관 같은 느낌이 든다.
옛 예술가처럼 테이블에 앉아 카페 분위기를 느끼며 커피를 마시면, 바에서 마시는 커피보다 좀 더 비싼 값을 내야 한다.

♣ 주소 : Via dei Condotti, 86

로숄리 카페 파스티체리아
Roscioli Caffè Pasticceria

캄포 데 피오리 광장 근처에 있는 카페로 눈여겨보지 않으면 그냥 지나칠 작은 카페지만, 이탈리아 음식과 와인을 소개하는 권위 있는 매체 감베로 로쏘Gambero Rosso에 소개되었다. 베이커리인 안티코 포르노 로숄리Antico Forno Roscioli, 정통 카르보나라Carbonara로 유명한 살루메리아 로숄리Salumeria Roscioli를 운영하는 로숄리 가족의 카페다.
로숄리 카페는 직접 원두를 로스팅하지 않지만, 이탈리아 최고 로스팅 원두를 생산하는 토레파지오네 자메이카 카페Torrefazione Giamaica Caffè의 원두를 사용하고 있다.

♣ 주소 : Piazza Benedetto Cairoli, 16

파로 - 카페테리아 스페셜티
Faro - Caffetteria Specialty

현지인이 북적이는 커피 맛집을 찾는다면 1순위로 추천하고 싶은 곳이다. 로마에 스페셜티 커피specialty coffee를 처음 들여온 곳이라 커피 맛이 최상급이다. 간단한 요깃거리도 있으므로 아침이나 점심 식사를 위해 방문하는 것도 괜찮다.
특히 원두는 꼭 사기를 권한다. 드립drip용으로 로스팅한 원두라 여행에서 돌아와 여운을 느끼기에 좋다. 선물로도 안성맞춤이다. 이곳 원두를 사려 다시 로마에 가고 싶을 만큼 뛰어난 맛을 자랑한다.

♣ 주소 : Via Piave, 55

제로토노베 카페 에 카페
089 Zer0tt8n9ve Cafè et Caffè

이탈리아 남부 스타일 커피를 경험할 수 있는 카페다. 089는 남부 살레르노Salerno 지역 번호다. 달짝지근한 크림과 에스프레소가 어우러진 이 집 마키아토Caffè Macchiato는 묘한 매력이 있다. 타짜 도로만큼 자주 찾는 카페이긴 하나, 바리스타에 따라 커피 맛 편차가 있는 편이다.

♣ 주소 : Piazza di Sant'Eustachio, 50

피자 맛집

피자pizza 본고장인 이탈리아에서 맛있는 피자를 소개하기란 쉬우면서 어려운 일이다. 맛집이라고 찾았으나 기대보다 맛없어 실망할 수도 있다.
이탈리아 피자는 우리나라 프랜차이즈 피자와는 전혀 다르다. 밀가루 반죽 위에 토마토소스와 치즈formàggio 외 토핑을 거의 얹지 않은, 참으로 단순한 모양을 하고 있다.
이탈리아 유명 피자집은 피자 상품화가 시작된 나폴리Nàpoli에 주로 몰려 있지만, 로마에서도 맛있는 피자를 맛볼 수 있다.

본치 피자리움
Bonci Pizzarium

피자 장인으로 이름난 가브리엘레 본치Gabriele Bonci가 운영하는 곳으로 이탈리아 내 상위권에 속하는 피자집이다. 이곳 피자는 일반적인 도우dough, impasto와 다른 것으로 유명하다. 조각 피자를 판매하고 있어 원하는 만큼 주문할 수 있다.
근처에 본치 베이커리Panificio Bonci가 있다.

♣ 주소 : Via della Meloria, 43

피자레
PizzaRè

현지인보다 관광객에게 유독 인기 있는 로마 시내 맛집 중 하나다. 특히 우리나라와 일본 관광객이 많다. 나폴리식 피자를 만드는 곳으로 쫀득한 도우가 인상적이다. 식당 입구 한편에 피자 굽는 화덕이 자리 잡고 있다. 화려한 토핑 없이 단순한 피자가 재료 본연의 맛을 내면서 담백하기란 쉽지 않은데, 여기 피자가 그렇다. 단, 종업원의 친절한 서비스는 기대하지 말자.

♣ 주소 : Via di Ripetta, 14

안티코 포르노 로숄리
Antico Forno Roscioli

1972년 마르코 로숄리Marco Roscioli가 1824년 개점한 빵집을 인수해 시작한 베이커리로 지금까지 로숄리 가족이 운영하고 있으며 여러 사업으로 확장 중이다. 상점 주변에 이들이 운영하는 점포들이 있다.
안티코 포르노 로숄리는 피자를 전문적으로 판매하는 곳이 아니지만, 이곳 조각 피자는 정말 맛있다. 얇고 파삭한 도우 위에 토마토소스만을 발라 구운 피자가, 이렇게 단순한 조합으로도 맛있는 피자를 만들 수 있구나 하는 경험을 하게 해준다.

♣ 주소 : Via dei Chiavari, 34

그 밖의 맛집

로마를 여행하면서 기억에 남았던, 또는 갈 때마다 들렀던 곳을 소개한다. 가이드나 인터넷에 오르내리는 곳이라 하여 항상 만족스럽진 않지만 여러 사람이 추천하는 데는 나름대로 이유가 있다. 물론 왜 추천되는지 도무지 이해할 수 없는 곳도 있으나 대부분은 한 끼를 해결하기에 충분하다. 또한 여행하다 허기져 주변 아무 곳이나 들어갔다가 의외의 맛을 보기도 한다. 사실 이 모든 것이 여행의 묘미가 아닐까.
골목 어디에서 식당을 찾으려면 대개 현지인이 많이 있거나 줄이 긴 곳에 가면 실패 확률이 줄어든다. 특히 현지 여성이 대기하는 곳은 대부분 동네 맛집인 경우가 많다.

쿨 데 삭
Cul De Sac

벽면 가득 진열된 와인이 인상적인 쿨 데 삭은 TV 여행 프로그램에 종종 등장하던 맛집이다. 내부가 그리 넓지 않아 비좁은 느낌이지만 사람들이 끊임없이 찾아온다.
로마는 음식 맛과 가격이 정확히 비례하기 때문에 저렴하면서 맛있는 집을 찾기 힘든데, 이곳에서 부담스럽지 않은 가격에 만족스러운 음식과 와인을 즐길 수 있다.

♣ 주소 : Piazza di Pasquino, 73

파네 에 살라미
Pane e Salame

간단하게 끼니를 때우더라도 맛을 포기할 수 없다면 이곳을 추천한다. 샌드위치, 샐러드 등 간편 끼닛거리를 파는 맛집으로 현지인과 관광객에게 인기가 많다. 도마 위에 살라미, 부르스케타Bruschetta(얇게 썬 빵 위에 여러 가지 재료를 올린 전채 요리), 치즈, 햄, 채소 등이 나오는 모둠 메뉴도 괜찮다.

♣ 주소 : Via Santa Maria in Via, 19

비스코티피초 아르티자노 인노첸티
Biscottificio Artigiano Innocenti

트라스테베레 한적한 곳에 자리한 과자점으로 100년이 넘은 곳이다. 매장에서 직접 구운 과자가 다양하게 진열되어 있다. 어릴 적 읽었던 동화책 속으로 들어온 듯해 종류별로 모두 사고 싶게 만든다. 이것저것 많이 담으면 인상 좋은 주인이 익숙한 상황인 듯 말리기도 한다. 무게를 달아 판다.

♣ 주소 : Via della Luce, 21

바빙톤스 티 룸
Babington's Tea Room

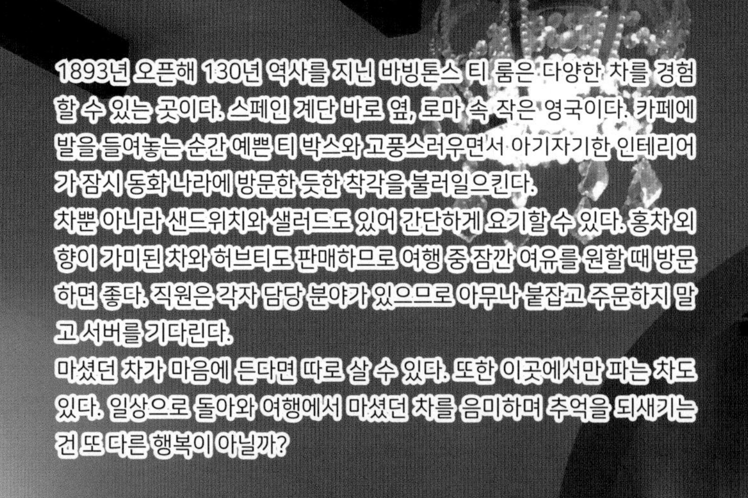

1893년 오픈해 130년 역사를 지닌 바빙톤스 티 룸은 다양한 차를 경험할 수 있는 곳이다. 스페인 계단 바로 옆, 로마 속 작은 영국이다. 카페에 발을 들여놓는 순간 예쁜 티 박스와 고풍스러우면서 아기자기한 인테리어가 잠시 동화 나라에 방문한 듯한 착각을 불러일으킨다.
차뿐 아니라 샌드위치와 샐러드도 있어 간단하게 요기할 수 있다. 홍차 외 향이 가미된 차와 허브티도 판매하므로 여행 중 잠깐 여유를 원할 때 방문하면 좋다. 직원은 각자 담당 분야가 있으므로 아무나 붙잡고 주문하지 말고 서버를 기다린다.
마셨던 차가 마음에 든다면 따로 살 수 있다. 또한 이곳에서만 파는 차도 있다. 일상으로 돌아와 여행에서 마셨던 차를 음미하며 추억을 되새기는 건 또 다른 행복이 아닐까?

♣ 주소 : Piazza di Spagna, 23

다르 필레타로
Dar Filettaro a Santa Barbara

간단하게 맥주 한잔하고 싶을 때 추천한다. 로마 스타일 생선튀김과 샐러드, 맥주를 즐길 수 있다. 대구살 튀김Filetto di Baccala은 그 자체로 맛있지만 안초비Anchovy가 곁들어진 샐러드 푼타렐레Puntarelle와 같이 먹으면 개운함이 느껴진다. 소소하고 편안한 저녁을 보내기에 좋다.

♣ 주소 : Largo dei Librari, 88

포르노 콘티
Forno Conti & Co.

현지인이 자주 찾는 빵집이 궁금하다면 이곳을 추천한다. 4대째 빵집을 운영하는 제빵사 세르지오 콘티Sergio Conti가 연 곳이다. 젊은 감각의 북유럽 스타일 실내장식, 맛있는 빵과 커피 그리고 친절함으로 손님을 반긴다. 소량이지만 당일 만든 빵이 진열되어 있으며, 종류도 자주 바뀐다. 가족이 운영하는 빵집으로 트라스테베레에 산티니 파네테리아 로마나Santini Panetteria Romana가 있다.

♣ 주소 : Via Giusti, 18

엠마
Emma

로마에는 의외로 맛있는 피자와 파스타를 같이 먹을 수 있는 곳이 많지 않다. 도우가 얇은 로마 스타일 피자와 생면 파스타를 한자리에서 먹을 수 있는 레스토랑을 찾는다면 여기가 제격이다. 인기 많은 곳이라 예약 필수지만, 간혹 예약 공백 사이에 들어갈 수도 있다.
입구는 작아 보이나 매장에 들어서면 큰 규모와 현대적인 실내장식에 놀라게 된다. 피자와 파스타가 아니더라도 프로슈토Prosciutto(돼지 넓적다리를 염장해 건조한 햄)에 와인 한 잔 즐기기에도 좋다.

♣ 주소 : Via del Monte della Farina, 28

로숄리 살루메리아 콘 쿠치나
Roscioli Salumeria con Cucina

이탈리아 어디든 피자와 파스타는 무조건 맛있을 거라 기대하지만, 솔직히 그렇지 않다. 우리나라에서 괜찮은 한식집 찾기 쉽지 않은 것과 같다고나 할까. 맛있는 파스타집으로 이곳을 추천한다. 홈페이지(https://www.salumeriaroscioli.com)를 통해 예약 가능하니 헛걸음하지 않으려면 예약 필수다. 식료품점을 겸하고 있어 다양한 식자재도 구경할 수 있다.
특히 카르보나라가 유명한데, 우리 입맛에는 짤 수 있다. 주문할 때 "메노 살라토Méno salato" 또는 "포코 살레Pòco sale"라 말하면 소금을 적게 넣는다. 이탈리아 여러 지역 와인 리스트도 겸비하고 있다.

♣ 주소 : Via dei Giubbonari, 21

슈퍼마켓

우리나라 어디나 있는 게 편의점이지만, 이탈리아에는 없다. 편의점만큼 자주 눈에 띄는 것이 타바키인데, 주로 담배나 버스 티켓을 팔고 음료수와 간식거리 등이 고작이다. 가격도 비쌀뿐더러 그나마 일찍 닫는 곳이 많다. 여행 도중 필요한 물건이 있다면 슈퍼마켓을 찾아보자. 물품 종류가 다양하고 가격도 싸다. 간단한 요깃거리나 현지 과일, 대용량 공산품도 갖추고 있다.

코나드Conad

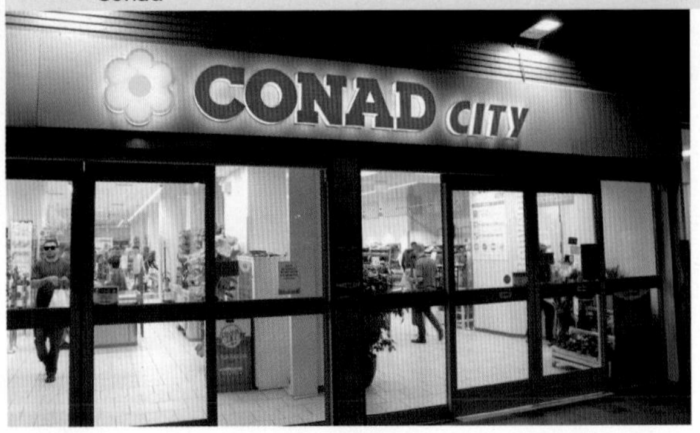

이탈리아 슈퍼마켓 체인이다. 코나드 시티Conad City, 코니드 이페르메르카토Conad Ipermercato, 코나드 슈퍼스토어Conad Superstore, 그리고 고급 마켓을 표방한 사포리 앤 딘토르니 코나드Sapori & Dintorni Conad 등 다양한 체인이 있다.

쿱Coop

독일, 프랑스, 이탈리아에 지점이 있는 쿱(인쿱inCoop)은 스위스 대형 마켓 체인이다. 트레비 분수, 판테온, 나보나 광장 등 로마 주요 관광지 근처에 자리 잡고 있다.

이탈리Eataly

우리나라에도 들어와 있는 대형 마트다. 외곽에 있지만 평소 보기 힘든 제품이 많고 종류 또한 다양해 여유가 된다면 가볼 만하다. 구경만 해도 은근한 재미가 있다. 큰 식당가가 있으므로 점심이나 저녁을 먹어도 괜찮다.

까르푸Carrefour

프랑스 대형 할인점 까르푸는 까르푸 마켓Carrefour Market, 까르푸 익스프레스Carrefour Express 등의 체인을 운영하고 있다. 우리나라 대형 마트 산하 슈퍼마켓과 같다.

쇼핑

이탈리아는 식자재부터 명품까지 다른 나라보다 쇼핑할 것이 많아 예산을 초과하기 쉬운 곳이다. 요긴한 쇼핑 팁을 소개한다.

스페인 광장 주변

로마 쇼핑지라면 제일 먼저 스페인 광장 주변이 있다. 다양한 품목과 명품 브랜드가 몰려 있다 보니 선택폭이 넓다. 스페인 광장 앞 콘도티 거리에는 주로 명품 매장이 들어서 있고, 콘도티 거리를 중심으로 골목골목 많은 매장을 구경하다 보면 시간 가는 줄 모른다. 그뿐 아니라 포폴로 광장으로 향하는 코르소 거리, 리페타 거리Via di Ripetta, 바부이노 거리Via del Babuino에도 특색 있는 상점이 즐비하다.

리나센테Rinascente

우리나라 백화점과는 사뭇 다른 로마 백화점을 경험하고, 한 번에 여러 품목을 쇼핑하고 싶다면 리나센테를 추천한다. 이탈리아 명품 브랜드 포함 다양한 브랜드와 제품을 볼 수 있고, 루프톱에서 로마 시내를 내려다보며 여유로운 시간도 가질 수 있다.

아웃렛Outlet

이탈리아에 왔으니 이탈리아 명품을 좋은 가격에 구매하고 싶을 것이다. 이를 만족시켜 줄 만한 곳이 바로 아웃렛이다. 로마에서 하루 동안 갈 수 있는 곳은 로마 근교 카스텔 로마노Castel Romano와 피렌체에 있는 더 몰The Mall이다.

카스텔 로마노는 대중 브랜드가 많은 편이고, 명품을 원한다면 하루 투자해 더 몰 방문을 추천한다.

카스텔 로마노Castel Romano

카스텔 로마노는 로마에서 1시간 거리에 있으며, 테르미니역과 아웃렛 사이 셔틀버스를 운행한다. 현지인도 자주 이용하는 아웃렛이다 보니, 명품보다 대중 브랜드가 많다. 셔틀버스는 테르미니역에서 출발하며, 승차권은 테르미니역 안 매표소나 인터넷 홈페이지(https://www.mcarthurglen.com/ko 한글 선택 가능)에서 살 수 있다. 정류장 위치나 승차권 가격 등 자세한 사항은 홈페이지를 참고하면 된다.

더 몰The Mall

더 몰은 피렌체 외곽에 있으며 구찌, 프라다, 페라가모 등 명품 브랜드가 입점해 있다. 예전에는 피렌체 산타 마리아 노벨라역Firenze S.M.N. 근처에 셔틀버스 터미널이 있었지만, 역 부근으로 정류장을 옮겼기 때문에 피렌체 도착 후 오른쪽 QR 코드를 이용해 미리 알아보고 가는 것이 좋다. 로마에서 당일치기로 다녀올 수 있다. 한글 홈페이지(https://themall.it/kr)를 운영하고 있다.

이미 웬만한 브랜드와 제품이 우리나라에 수입되고 있지만, 로마에서 꼭 구매하게 되는 아이템과 브랜드를 소개한다.

산타 마리아 노벨라Santa Maria Novella

이탈리아 수도원 브랜드 중 특히 유명하다. 비누부터 향수까지 다양한 제품을 만들고 있다. 우리나라에도 매장이 있지만, 현지 가격과 차이가 나다 보니 이탈리아에 가면 꼭 구매하는 브랜드다. 인기 품목은 장미 화장수, 수분 크림, 향수 등이고 출시되는 향이 종류별로 담긴 애프터셰이브도 괜찮다. 나보나 광장과 스페인 광장 근처에 있으며, 매장에 우리말 브로슈어가 따로 있다.

아쿠아 디 파르마Acqua di Parma

1916년 시그너처 향수인 콜로니아Colonia를 만들며 시작된 브랜드다. 당시 무겁고 강한 향수가 지배하던 시장에서 가볍고 경쾌한 향으로 인기를 끌었다. 향수가 주력 품목이며 화장품, 향초 등을 제조한다. 다른 브랜드에 비해 남성용 제품이 다양한 편이다. 스페인 계단 바로 옆에 바버숍barbershop을 겸한 부티크가 있으며, 리나센테, 판테온 등 로마 시내에 10개 매장이 있다.

니치 향수Niche Perfume

니치는 "조각상을 세우기 위해 파낸 벽의 움푹 들어간 부분"을 뜻하는 이탈리아어 니키아Nicchia에서 나온 말로, 니치 향수는 소수를 위한 프리미엄 향수를 말한다. 니치 향수 구매는 백화점이 아닌 일반 향수 판매점을 추천한다. 로마 시내를 걷다 보면 프로푸메리아Profumeria 또는 프로푸미Profumi라 쓰인 상점이나, 여러 가지 향수가 진열된 전문점을 종종 볼 수 있다. 이탈리아뿐 아니라 다른 나라 니치 향수도 판매하고 있어 다양한 제품을 접할 수 있다.
이탈리아산 니치 향수 제조사 상점 또한 심심찮게 있으니 코스메틱 브랜드 향수에서 벗어나 남과 다른 향을 찾고 싶다면 방문해 보기를 권한다.

에르보리스테리아Erboristeria

허브, 유기농, 자연주의와 관련된 제품을 판매하는 곳으로, 차tea부터 화장품까지 여러 제품이 있다. 이곳에서 눈여겨볼 것은 가성비 높은 친환경 화장품 브랜드 레르보라리오L'Erbolario다.

네스티 단테Nesti Dante

네스티 단테는 최고급 유기농 재료를 사용한다는 프리미엄 비누 브랜드로 향과 보습력이 좋다. 고형 비누 외 액상형 바디 워시도 괜찮다. 지인 선물로도 손색없으며, 리나센테 백화점에서 살 수 있다.

박물관, 유적지 예약 방법

입장료가 있는 유명 관광지는 예약이 효율적이다. 현장 구매를 생각하고 간다면 엄청난 줄에 놀라게 될 것이다. 시간과 체력 소모를 줄이기 위해 인터넷 예약을 권한다.

바티칸 박물관 예약

바티칸 박물관은 현장 구매보다 인터넷 예매를 권한다. 여행을 떠나기 전 바티칸 박물관 방문일을 미리 정한 후, 인터넷으로 입장표를 예약한다. 예약일은 현시점에서 2개월 후까지만 선택할 수 있다. 1인당 5유로의 예약 비용이 발생한다.

바티칸 박물관 예약 사이트 :

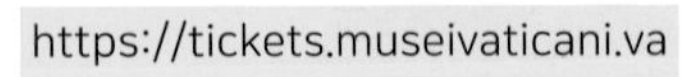
https://tickets.museivaticani.va

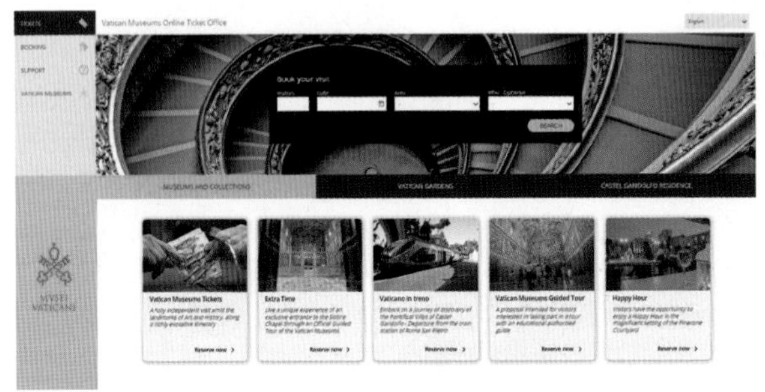

바티칸 박물관 사이트에서 예약했으면, 예약 명세를 꼭 출력해 가져가야 한다. 예약 용지를 매표소에 보여주면 입장표를 내준다. 매표소는 박물관 안에 있다.
일단 박물관 입장을 위해 줄을 서야 하는데, 일반 방문자가 서 있는 긴 줄 말고 예약자 줄이 따로 있으니 확인 후 입장해 매표소로 간다.

콜로세움, 포로 로마노, 팔라티노 언덕 예약

콜로세움 입장표는 콜로세움뿐 아니라 포로 로마노와 팔라티노도 입장할 수 있는 통합권이다. 콜로세움이나 포로 로마노 역시 긴 줄을 서야 하니 여행 전 미리 인터넷으로 구매하길 추천한다. 인터넷 예약 시 1인당 2유로의 예약 비용이 발생한다.

콜로세움, 포로 로마노, 팔리티노 언덕 통합권 예약 사이트 :
http://ecm.coopculture.it

COOP CULTURE

통합권을 인터넷으로 구매하면, 예약 인원수만큼 바코드가 찍힌 입장권을 이메일로 보내준다. 받은 입장권을 바코드가 나오도록 출력해 가야 하며, 콜로세움과 포로 로마노, 팔라티노 언덕 투어가 끝날 때까지 버리거나 바코드 부분을 손상해서는 안 된다.
예약 통합권은 한 번 사용하면 유효 기간이 발생한다(일반 입장권은 24시간. 콜로세움 아레나, 또는 아레나와 지하를 같이 볼 수 있는 티켓은 2일).
콜로세움 입장 시 인터넷 예약 줄과 현장 구매 줄이 따로 있으니 잘 확인한다.

에필로그

여행은 마음먹은 그 순간 설렘으로 시작해 아쉬움으로 끝난다. 촉박한 시간에 안타까워하고 가봤어야 하는 곳에 미련을 둔다. 그리고 다음을 기약한다. 하지만 다음은 그렇게 쉽게 오지 않는다. 바쁜 일상, 이런저런 이유로 기억은 서서히 추억으로 변해가고 기약은 멀어져 간다. 따라서 일단 가면 만족스러운 여행이 되어야 한다.

로마는 멀리 있다. 비행기를 타고 좁은 공간에서 반나절을 버텨야 갈 수 있는 곳이다. 시간과 비용 먼저 해결해야 한다. 그렇게 공항에 발을 내디디면, 인생의 소중한 한때가 다가오는 것이 보인다.

주변에서 로마로 떠나는 사람들이 종종 물어왔다. 어디가 좋은지, 어떻게 하면 되는지 같은 경험자의 실질적인 조언을 구하는 그런 질문 말이다. 기꺼운 마음으로 아는 한 가장 좋은 여행이 되도록 프린트해서 나눠줬다. 그러다 보니 자주 듣는 말이 있었다.

"책을 써보는 게 어때."

이 책은 그들의 소망과 감사로 인해 쓰였음을 고백한다. 10년 넘게 이탈리아를 드나들며 모은 자료와 사진을 펼쳐 놓고 원고를 쓰기 시작했다. 집필할 때 바라는 것은 하나였다. 책과 함께하는 이들이 행복해하는 것. 그 모습을 떠올리며 모든 페이지를 썼다.

GIC

내 손안의 로마

개정 증보판 1쇄 인쇄 2024년 6월 26일
개정 증보판 1쇄 발행 2024년 7월 1일

지 은 이 최순원
편 집 장 김태섭
디 자 인 정영신
펴 낸 곳 솔깃미디어
출판등록 2019년 6월 12일 (제2019-000044호)
주 소 서울특별시 용산구 한강대로48길 21, 301호
문의전화 02-790-2212 **팩스** 02-790-2213
이 메 일 book@solgitmedia.com

ISBN 979-11-967430-8-6 13920

값은 뒤표지에 있습니다.

미켈란젤로의 시스티나 예배당 천장화와 최후의 심판,
카라바조의 소실된 성 마태오와 천사 그림은 Wikimedia Commons에서 인용하였습니다.
초상권 보호를 위해 사진 속 인물에게 선글라스를 씌웠습니다.